CHRISTINA FUISTING

Grundwortschatz der astrologischen Aspekte

CHIRON VERLAG

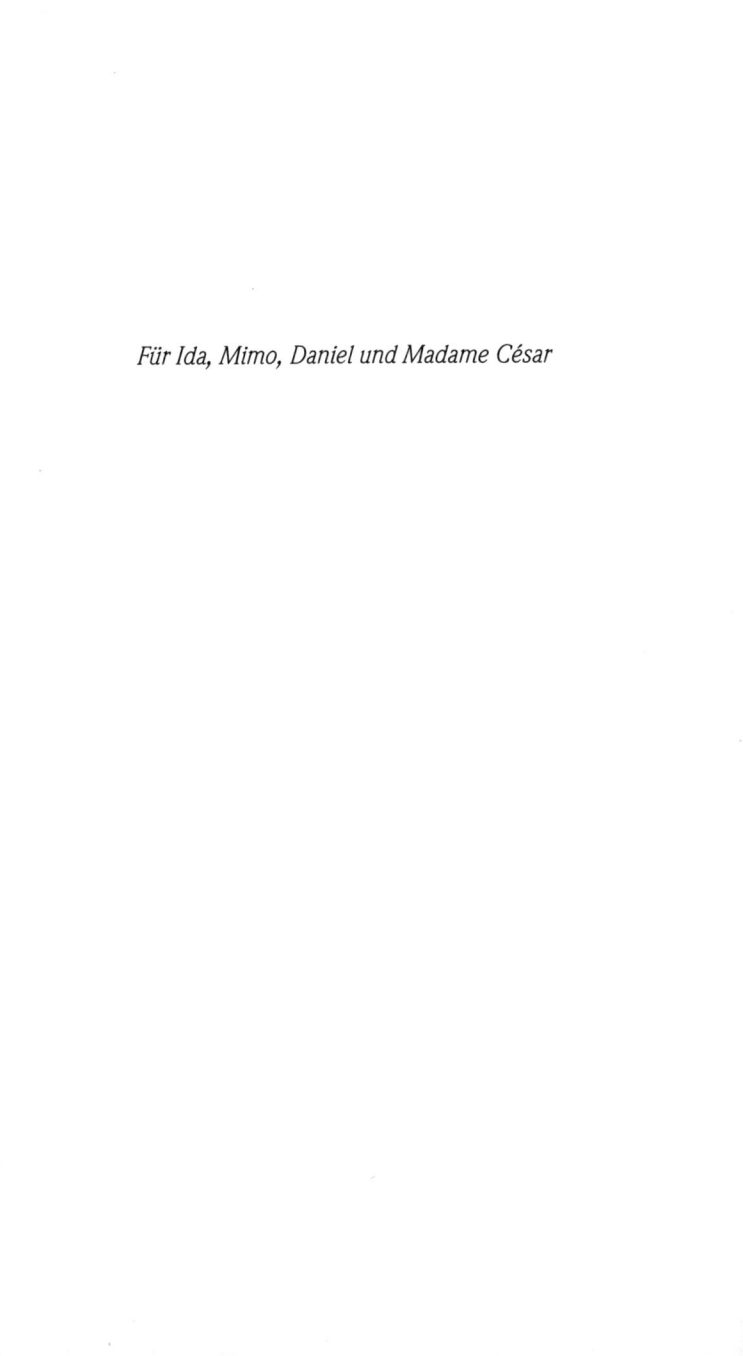

Für Ida, Mimo, Daniel und Madame César

Deutsche Erstausgabe
© der deutschen Ausgabe Chiron Verlag, Tübingen 2009

Umschlag: Walter Schneider unter Verwendung des Bildes:
Sibylle von Delphi (Michelangelo)

Druck: Finidr, Český Těšin

Zu beziehen durch den Buchhandel oder direkt beim
Chiron Verlag, Postfach 1250, D-72002 Tübingen

ISBN 978-3-89997-183-5

Inhalt

Vorwort

Das Aussortieren des Unwesentlichen
ist der Kern aller Lebensweisheit.

Lao Tse

Seit 1988 gebe ich den Inhalt dieses Buches in Seminaren mündlich an meine Schüler weiter. Sie gaben mir immer wieder den Anstoß und ermunterten mich, «die Aspekte» in einem Buch zusammenzufassen. Dafür möchte ich ihnen an dieser Stelle herzlich danken, besonders Ingrid Grünert und Barbara Grundei.

Vor mehr als 20 Jahren kam der Vorschlag von Edith Wangemann, die mich in die faszinierende Welt der Astrologie einführte, gemeinsam mit ihr ein Buch über die Aspekte zu schreiben. Ihre Krankheit und ihr Abschied im Jahre 2000 verhinderten dieses Projekt – oder besser – verzögerten es, denn nun komme ich meiner inneren Pflicht nach und stelle hier die Deutungsaussagen aus meiner anschließenden jahrzehntelangen astrologischen Berufspraxis zusammen. Mein Buch richtet sich an den verantwortungsbewussten Astrologen, der einen schnellen, konkreten und prägnanten Deutungsvorschlag wünscht.

Die stichwortartigen Aussagen sollten deshalb nur ausführlich erläutert an den Klienten weitergegeben werden, mit dem Ziel, dem Ratsuchenden in schwierigen Zeiten Hoffnung zu schenken und ihn in positiven Zeiten *aktiver* seine Möglichkeiten nutzen zu lassen.

Das Leben ist ein Theater, und wir sind die Schauspieler auf der Bühne des Lebens.

Welche Rolle uns auf den Leib geschnitten wurde, unsere Kostüme, das Bühnenbild – all das ist in unserem Geburtsbild – dem Radixhoroskop – erkennbar. Unser Leben vereinigt Komödie, Drama, Abenteuer, Romanzen und Katastrophen, jeweils zu unterschiedlichen Zeiten.

Je intensiver wir unsere Veranlagungen ausleben und je stärker wir unsere Begabungen entfalten, umso gerechter werden wir unserer Bestimmung und umso zufriedener, ausgefüllter und glücklicher gestaltet sich unser Leben ...

Astrologische Symbole

Sonne	_____	☉
Mond	_____	☽
Merkur	_____	☿
Venus	_____	♀
Mars	_____	♂
Jupiter	_____	♃
Saturn	_____	♄
Chiron	_____	⚷
Uranus	_____	☊
Neptun	_____	♆
Pluto	_____	♇
Aszendent	_____	AC
Medium Coeli		
(Himmelsmitte)	___	MC

Konjunktion	_____	☌
Trigon	_____	△
Sextil	_____	✶
Halbsextil	_____	⊻
Quadrat	_____	□
Opposition	_____	☍

Die Aspekte

Ich fühle mich hingerissen und besessen
von einem unsäglichen Entzücken über die
göttliche Schau der himmlischen Harmonien.

Johannes Kepler

Die Astrologie beruht weder auf Aberglauben noch auf Religion, sondern sie ist strukturiert aufgebaut und in ihren Aussagen nachprüfbar. Sie ist eine wissenschaftliche Kunst, deren Qualität und Wahrheitsgehalt abhängt von der Erfahrung des Künstlers, der sie anwendet – des Astrologen. Falsche Deutungen und Prognosen, die die Astrologie in der Vergangenheit in Verruf gebracht haben, sind meist auf Unerfahrenheit, Fehler oder Nachlässigkeit des praktizierenden Astrologen zurückzuführen. Die Astrologie, so schrieb C.G. Jung, stellt die Summe des gesamten psychologischen Wissens des Altertums dar.

Seit der Aufklärung ist die Astrologie mehr und mehr in Kritik geraten, weil sie nicht in das sich durchsetzende wissenschaftliche Weltbild passt, das sich ganz dem Rationalismus verschrieben hat. Die Astrologie geht von dem **geo**zentrischen Weltbild aus, anstatt von dem seit Kopernikus präferierten **helio**zentrischen System. Der Grund für die Verwendung des **geo**zentrischen Weltbildes in der Astrologie ist darin zu suchen, dass die Astrologie sich mit den Menschen hier auf der Erde befasst und auch mit den planetaren Einflüssen und Auswirkungen in Bezug auf die Erde.

In meinen Astrologiekursen ereignet sich in regelmäßigen Abständen immer wieder Folgendes: Sobald die Schüler mit dem kompletten theoretischen Wissen ausgerüstet sind, kommt plötzlich, aber nicht überraschend, die Frage: «Wo beginnt man denn eigentlich mit der Deutung des Radixhoroskops?»

Die Erfahrung in der Praxis hat mir gezeigt, dass neben dem Sonnenstand (volkstümlich dem «Sternzeichen»), dem Aszendenten sowie den Planeten in Häusern und Zeichen *in erster Linie die Deutung der Aspekte* die prägnanteste Charakter- und Ereignisbeschreibung zulässt. Ich messe deshalb den Aspekten bei astrologischen Charakterdeutungen und bei Prognosen die allerhöchste Bedeutung bei. Sie stellen für mich die wichtigste Deutungsgrundlage dar.

Schon Johannes Kepler schreibt in seiner berühmten Aspektlehre: *«Den Glauben an die Wirksamkeit der Aspekte verleiht in erster Linie die Erfahrung, die so klar ist, dass sie nur jemand leugnen kann, der sie nicht selber geprüft hat.»* (Johannes Kepler. WELTHARMONIK, München 1990, Seite 22).

Reinhold Ebertin, Autor des Klassikers KOMBINATION DER GESTIRNSEINFLÜSSE, dem wir viel an Erkenntnissen über die Aspekte zu verdanken haben, stellte sogar fest, *«dass die Aspekte im Rang vor den Planetenbildern kommen und daher Bilder, deren Planeten durch Aspekte miteinander verbunden sind, viel stärker wirken als die anderen»* (zitiert nach Dr. Walter A. Koch. GESAMMELTE AUFSÄTZE – GESTALTHOROSKOPIE. Bietigheim 1980, Seite 39).

Dr. Walter Koch, der sich intensiv mit der Aspektlehre, vor allem nach Johannes Kepler beschäftigt hat, empfand die Deutung der Aspekte als «das schwierigste Problem der Horoskopdeutung» (Dr. Walter A. Koch. ASPEKTLEHRE NACH JOHANNES KEPLER. Bietigheim o. J., Seite 39).

Die Gefahr bei der in diesem Buch vorliegenden Aspektdeutung in Stichworten liegt darin, dass Aspekte einzeln gedeutet und nicht im Zusammenhang mit anderen, gleichzeitig vorhandenen Aspekten – sprich dem Gesamtbild – gesehen werden. Vor allem harte Spannungsaspekte – ich vermeide das Wort negative Aspekte – können durch gleichzeitig vorhandene weiche, günstige Aspekte wie Trigone und Sextile entspannt und harmonischer gelebt werden. Sie entwickeln sich dann sogar zu Leistungsaspekten, die besondere Befähigungen auslösen.

Die Planeten in den Zeichen zeigen, **wie** ein Charakterzug ausgelebt wird. Das Haus vermittelt, **wo** – also in welchem Lebensbereich – er sich manifestiert. Die Winkelverbindung selbst zeigt aber die prägnant sichtbaren Charaktereigenschaften und die Ereignisse, die das Leben bestimmen.

Die Aspekte bieten den großen Vorteil, dass man sie schnell aus den Ephemeriden (Planetenstandstabellen) ersehen kann, ohne dass die exakte Geburtsminute bekannt ist. Nur für die Aspekte zum Mond benötigt man zumindest die Geburtsstunde, da der Mond am Tag ca. 12° oder mehr durch den Tierkreis läuft. Demzufolge lassen sich Grundeigenschaften und Ereignisse im Leben eines Menschen auch ohne genaue Geburtszeit leicht in Erfahrung bringen.

Der Aspekt ist eine Winkelbildung von Planetenstrahlen in Bezug auf die Erde, und er entsteht folgendermaßen: Das Horoskop ist unterteilt in 360 Bogengrade. Befinden sich zwei Planeten in einem Abstand von 30° (Halbsextil), 45° (Halbquadrat – Kepler nannte es Oktil), 60° (Sextil), 90° (Quadrat), 120° (Trigon), 135° (Anderthalbquadrat – Kepler nannte es Trioktil) oder 180° (Opposition) zueinander, so bilden sie einen Aspekt. Auch Häuserspitzen können mit den Planeten Aspekte bilden, wobei am deutlichsten die Konjunktionen in

Erscheinung treten, vor allem auf den Hauptachsen Aszendent – Deszendent (AC-DC) und Immun Coeli – Medium Coeli (IC-MC).

Es existieren noch weitere Aspekte, die erforscht wurden und sich mehr oder weniger subtil darstellen. In meiner Beratungsarbeit liefern mir die folgenden wichtigsten Aspekte allerdings immer schon so viele Informationen, dass ich auf die Nebenaspekte hier verzichte und mich auf die wichtigsten und bekanntesten Hauptaspekte konzentriere – aufgeführt in der Reihenfolge ihrer Bedeutsamkeit.

Die Konjunktion = 0°

Bei der Konjunktion fließen die unterschiedlichen Energien zweier Planeten zusammen. Sie aktivieren und beeinflussen sich gegenseitig, wobei zu beachten ist, dass ein schnell laufender Planet wie Sonne, Mond, Merkur, Venus, Mars oder Jupiter von den langsam laufenden Planeten wie Saturn, Chiron, Uranus, Neptun oder Pluto beherrscht wird. Der langsamer laufende Planet ist in dem Doppel- oder Dreiergespann eindeutig der machtvollste, der die Richtung vorgibt und dem anderen «seinen Stempel aufdrückt».

Die Konjunktion ist ein neutraler Aspekt. Ob es sich um eine günstige oder ungünstige Stellung handelt, hängt von den beteiligten Planeten ab. Als generell spannungsträchtig zu bewerten sind Konjunktionen von Mars, Saturn, Chiron, Uranus, Neptun und Pluto untereinander, egal in welcher Kombination. Alle anderen Konjunktionen sind individuell zu deuten.

Es gilt immer noch der alte Lehrsatz, den man sich einprägen sollte: Ein Planet in einem Zeichen wirkt sich ähnlich aus wie die Konjunktion mit dem Herrn des Zeichens – dasselbe gilt natürlich auch umgekehrt.

Die wichtigsten Spannungsaspekte

Das Quadrat = 90°

Das Quadrat ist meiner Erfahrung nach der härteste Aspekt vor der Konjunktion und vor der Opposition. Es erzeugt eine Spannung, an der sich die Umwelt reibt und überfordert fühlt. Der Betroffene selbst erlebt die Spannung für sich oft gar nicht als so belastend. Teilweise ist ihm sogar nicht einmal bewusst, dass die Spannung durch ihn selbst verursacht wird. Er projiziert sie nach außen und begegnet immerzu Menschen, die eine Spannung in sein Leben tragen, die er eigentlich zu vermeiden versucht. Das Quadrat eignet sich somit hervorragend zur Selbsterkenntnis, da es die ungünstigen Charaktereigenschaften beim Namen nennt, an denen sich die Umwelt (auf)reibt. Das Quadrat zwingt dazu, sich mit ihm auseinanderzusetzen. Es ist ruhelos, drängt zur Tat, löst Kämpfe aus. Wer das Quadrat als Mahnung erkennt, sich zu fügen, sich gerade und aufrecht zu verhalten und sich selbst zu beherrschen, geht erfolgreich daraus hervor. Allerdings fordert das Quadrat durch die Umstände und Aufregungen, die es hervorruft, sehr viel Kraft.

Darüber hinaus zeigen sich Quadrate aber auch oft als prägnante Charakterzüge, die von der Umwelt als unangenehm oder belastend erlebt werden und daraufhin schwierige Ereignisse und Erlebnisse auslösen.

Die Opposition = 180°

Bei der Opposition handelt es sich um einen harten Spannungsaspekt, der die gegensätzlichen Kräfte der sich gegenüberstehenden Planeten als auftauchende Konflikte sichtbar macht. Wie schon der Name sagt, führen bei einer Opposition die inneren Konflikte zu Reibungen mit der Umwelt, da die eigenen Spannungen auf andere projiziert werden und immer wieder unangenehme Ereignisse verursachen.

In seiner Kombination der Gestirnseinflüsse kommt Reinhold Ebertin «zu der Unterscheidung, dass **Quadrate** und **Oppositionen** mehr eine Handlung oder ein Ereignis bezeichnen, **Sextile** und **Trigone** hingegen mehr einen Zustand, eine Stimmung.»

Die Spannungsaspekte Halbquadrat (45°) und Anderthalbquadrat (135°) wirken in abgeschwächter Form, wobei das Anderthalbquadrat aus **gleich gerichteten Zeiten** nach Edith Wangemann positiv zu werten ist. Ein Beispiel: Das Anderthalbquadrat mit einem Planeten auf 1° Widder und einem Planeten auf 16° Löwe ist positiv. Hingegen ist es bei der Kombination von einem Planet auf 28° Fische und einem Planeten auf 13° Löwe ungünstig.

Alle Spannungsaspekte sind gleichzeitig Leistungsaspekte. Die vorhandene Spannung kann negativ als Charakterschwäche, aber auch positiv als Ehrgeiz und Leistungsbereitschaft umgesetzt werden, womit nicht gesagt ist, dass dies den Geborenen bei seiner Umwelt beliebter macht.

Ganz wichtig: Man sollte bei der Deutung der harten Aspekte immer beachten, ob zusätzliche positive Aspekte wie Sextile, Trigone oder Halbsextile mit dem Spannungsaspekt verbunden sind, denn diese bieten die Möglichkeit, die Spannung aufzulösen und in Harmonie zu bringen. Die harten Deutungsaussagen müssen in diesem Fall relativiert und um die Aussage der positiven Winkel erweitert werden!

Gleichzeitig vorhandene positive und negative Aussagen heben sich nicht auf, sondern sind der Spiegel der Widersprüche in uns. Die positiven Winkel stellen immer eine Erleichterung und Hilfe dar, die negativen Eigenschaften zu erkennen und ins Positive zu transformieren.

Eine weitere Ausnahme, wie ein vordergründig harter Spannungsaspekt trotzdem positiv gewertet werden muss, bildet die Rezeption. Dabei handelt es sich um zwei Planeten, die in dem Domizil des jeweils anderen Planeten stehen. Beispiel: Zwischen 2003 und 2011 befinden sich Uranus und Neptun in Rezeption. Uranus als Herrscher des Wassermanns steht in den Fischen, während Neptun als Herrscher der Fische sich im Wassermann aufhält. Eine Rezeption ist auch möglich, wenn die Planeten KEINEN Aspekt zueinander bilden.

Die wichtigsten harmonischen Aspekte

Das Sextil = 60°

Durch ein Sextil verbundene Planeten manifestieren sich nach außen hin auf sehr kreative Art zu einer für alle sichtbaren Begabung. Dieser sehr anregende, inspirierende Aspekt zieht die Menschen in seinen Bann, denn mit Leichtigkeit gelingt dem Sextil alles, was symbolisch durch die Planeten angezeigt ist. Glück heißt sein ständiger Wegbegleiter. Man erkennt das aktiv in Erscheinung tretende, belebende Sextil an Menschen mit bewundernswerten schöpferischen Talenten und Eigenschaften.

Das Trigon = 120°

Das Trigon gilt als der positivste harmonische Aspekt. Seine Bedeutung wird allerdings oft überbewertet, denn im Gegensatz zum aktiven Begabungswinkel Sextil tritt das Trigon nach außen hin nicht auffällig in Erscheinung, sondern wird auf eher passive Art *erlebt*. Die Planeten im Trigon ergänzen und befruchten sich auf harmonische Weise, bewirken eine positive Resonanz seitens der Umwelt und erleichtern somit das Leben, das dadurch in harmonischem Gleichklang spannungsfrei und angenehm verläuft.

Das Halbsextil = 30°

Das Halbsextil ist ein schwacher harmonischer Aspekt, der Erleichterung anzeigt. Reihen sich jedoch mehrere Halbsextile aneinander, so ist die Wirkung bedeutend stärker und somit sehr positiv.

Wichtig ist, immer **alle Aspekte** zu berücksichtigen. Widersprüchliche Aussagen heben sich zwar nicht auf, verdeutlichen aber, dass jeder Mensch unvereinbare Charakterzüge in sich vereint, wobei Häuser und Zeichen die Aussage ergeben, wo und wie die widersprüchlichen Eigenschaften ausgelebt werden. Die Aspekte dürfen also nicht isoliert betrachtet werden, sondern sollten zusammengefasst und dann zusammenhängend gedeutet werden. Je mehr Aspekte sich ineinander verzahnen und je genauer diese Aspekte sind, desto tiefer und geschlossener ist die Persönlichkeit.

Der Orbis

In den seltensten Fällen kommt es vor, dass ein Aspekt ganz genau ist, d.h. exakt 0°, 60°, 90° usw. Abstand zwischen den Planeten liegt. Meistens gibt es eine Abweichung von einigen Graden. Diese Abweichung nennt man Orbis.

Ich konnte feststellen, dass bei Aspekten mit großen Orben die Aussage zwar meist auch noch zutrifft, allerdings in abgeschwächter Form. Je kleiner der Orbis, umso deutlicher und prägnanter die Ausprägung.

Folgende Orben haben sich im Radixhoroskop als zuverlässig erwiesen:

Konjunktion: 0° – Orbis max. 9°
Quadrat: 90° – Orbis max. 8°
Opposition: 180° – Orbis max. 9°
Sextil: 60° – Orbis max. 5°
Trigon: 120° – Orbis max. 6°

Aspekte mit geringfügig weiteren Orben lassen durchaus auch noch eine Deutung zu, allerdings mit entsprechend stark reduzierter Wirkung. Aspekte mit mehr als 10° Orbis deute ich nicht mehr als Aspekt.

Wirksamkeit bei Transiten

Bei Transiten zeigt ein Aspekt oft schon einige Grade vor seiner Exaktheit eine Wirkung, vor allem, wenn die «ungeduldigen» Planeten Mars oder Uranus beteiligt sind. Hier tritt das Ereignis oft schon 2° – 3° vor der exakten Gradgenauigkeit ein. Bei Saturn findet das Ereignis, das durch den Aspekt ausgelöst wird, entweder dann statt, wenn der Transitaspekt exakt ist oder sogar erst einige Tage danach. Saturntransite zeigen sich also entsprechend der symbolischen Bedeutung Saturns mit Verzögerung. Bei Plutotransiten über Planeten berücksichtige ich keinen Orbis. Dies hat sich in der praktischen Deutungsarbeit immer wieder bestätigt. Läuft Pluto allerdings über Häuserspitzen, führt ein berücksichtigter Orbis von +/- 1° vor und nach dem genauen Aspekt zu zuverlässigen Ergebnissen. Bei allen anderen Planeten ist eine Wirksamkeit ab 1° – 2° vor der exakten Genauigkeit festzustellen.

Aus Gründen der Vereinfachung beziehe ich mich auf *den Menschen* und verwende daher als Titel meist nur die maskuline Bezeichnung.

Und nun wünsche ich meinen Lesern beim Durcharbeiten oder Nachschlagen dasselbe beglückende, dankbare Gefühl, den Schleier um den göttlichen Schöpfungsplan lüften zu dürfen, das ich habe, wenn ich mit den Aspekten arbeite.

Grundwortschatz der astrologischen Aspekte

Abkürzungen

K   Konjunktion

+   harmonische Aspekte

–   Spannungsaspekte

*   Die Aussagen beziehen sich auf Planeten am AC oder im 1. Haus, nicht jedoch im 12. Haus. Die Aussage schwächt sich etwas ab, je weiter der Planet vom AC im 1. Haus entfernt ist.

**   Die Aussagen beziehen sich auf Planeten am MC oder im 10. Haus, nicht jedoch im 9. Haus. Die Aussage schwächt sich etwas ab, je weiter der Planet vom MC im 10. Haus entfernt ist.

***   Nicht jede Person mit Venus- oder Mond-Chiron-Spannung ist homosexuell, aber nahezu jeder Homosexuelle hat diesen Aspekt.

Sonne – Mond

K   *Der Vorsichtige*

Neumondgeburt. Über-Vorsicht gegenüber dem Leben und allem Neuen, fühlt sich nicht verstanden. Vorsichtige, bedächtige Zurückhaltung in neuen Situationen. Das Zeichen, in dem die Konjunktion steht, kommt durch die Planetenbetonung sehr stark zum Ausdruck.

+   *Der Herzliche*

Innere Ausgeglichenheit; herzliches, fürsorgliches Wesen; Sympathie erweckend; Anteilnahme, Verständnis und Rücksichtnahme gegenüber der Umwelt; Feingefühl und unaufdringliche Freundlichkeit; kommt gut an in der Öffentlichkeit.
Liebevolles Verhältnis zu Mutter, Ehefrau, weiblichen Verwandten.

+/–   *Der Offenherzige*

Opposition = Vollmondgeburt: herausgehobene Stellung im öffentlichen Leben.

–   *Der Unausgeglichene*

Launenhaftigkeit; periodisch Phasen der Frustration, Verdrossenheit und Unlust; gespanntes Verhältnis zur Öffentlichkeit; unduldsam gegenüber den Schwächen anderer.
Die eigene Unausgeglichenheit wird auf die Umgebung projiziert.
  Disharmonie zwischen den Eltern. Dieses erste Erleben zwischenmenschlicher Spannungen wird auf die Gesellschaft projiziert.

Sonne – Merkur

Der Abstand zwischen Sonne und Merkur kann höchstens 28° betragen.

Je geringer die Entfernung Merkur – Sonne, umso subjektiver ist die persönliche Einstellung. Eine genaue Konjunktion (bis 2° Orbis) nennt man einen «verbrannten Merkur». Die Spannbreite zwischen Sonne und Merkur reicht von extremer Subjektivität bis extremer Objektivität und wirkt sich so aus:

Orbis von 0 – 2°:	Sehr subjektive Beurteilung der Dinge, Scheuklappendenken, großer Selbstzweifel.
Orbis von 3 – 7°:	Subjektive Geisteshaltung
Orbis von 8 – 14°:	Erste Phase von Objektivität
Orbis von 15 – 21°:	Neutralität
22 – 28° Orbis:	Hier geht die Objektivität so weit, dass der eigene Standpunkt an den anderer hintenangestellt wird. Die gewonnene Meinung wird nach allen Seiten hin abgesichert.

Sonne – Venus

Der Abstand zwischen Sonne und Venus beträgt höchstens 48°. Daher sind nur die Aspekte Konjunktion (+), Halbsextil (+) und Halbquadrat (–) möglich.

K   Das Charisma

Ausgeprägtes Streben nach Schönheit, Liebe, Kunst, Natur und Genuss. Innere Güte, intensives Streben nach Harmonie, ästhetisches Empfinden. Schöne Seele, Charisma, stark ausgeprägte Anima (weibliche Qualitäten). Oft attraktives, durch die periodische, Bequemlichkeit liebende Venus manchmal auch nachlässiges Erscheinungsbild. Gefahr, Projekte nicht zu Ende zu führen (Ausnahme: bei starker Erdbetonung!). Musisch, ausgeglichen, feinsinnig, charmant, liebevoll.

+   Der Schöngeist

Liebevolle Gesinnung, Sympathie erweckende Erscheinung, Sinn für Schönheit, Kunstverständnis. Gutmütig, entgegenkommend, kompromissbereit, genussfähig.

–   Der Schönling

Übertriebenes Schönheitsbedürfnis. Der äußere Schein wird überbewertet. Wenig Selbstdisziplin, Genusssucht, Künstelei. Nachlässig, bequem, eitel, selbstverliebt.

Sonne – Mars

K   *Das Energiebündel*

Kampfgeist, resolutes Auftreten. Beansprucht die Führungsrolle. Geschickte Hände. Kämpferisch, ungeduldig, fordernd, draufgängerisch, unbedacht, voreilig, impulsiv, reizbar, leicht erregbar, hitzig.

+   *Der Macher / Die Macherin*

Energiegeladene Schaffenskraft. Handelt tatkräftig ohne Zaudern. Durchsetzungsstark durch zupackendes Handeln. Power, Elan. Fleißig, mutig, tätig, eifrig, beflissen, aktiv, lebhaft, betriebsam, emsig, arbeitsam.

–   *Der Draufgänger*

Wutausbrüche, Ungeduld. Durch Voreiligkeit und Unüberlegtheit nachteiliges Handeln. Beschädigungen und Unfälle durch unvorsichtige, impulsive Bewegungen. Lässt sich schnell aus der Reserve locken. Aufbrausend, unbeherrscht, widerspenstig, eigensinnig, streitsüchtig.

Sonne – Jupiter

K   Der Mann oder die Frau von Welt

Glücks- und Erfolgsstellung. Herausragender sozialer Aufstieg, Selbstvertrauen. Gewährt und erhält Protektion. Ausgeprägtes Selbstwertgefühl, Eroberungsdrang, Abenteuerlust, Expansionsdrang, Selbstbewusstsein, «Gutsherrenauftreten»: wohlwollend, jovial, gönnerhaft, großzügig, hilfsbereit, optimistisch.

+   Der Hohepriester

Glückliche Hand bei Unternehmungen. Gesundes Selbstbewusstsein, das keinen Neid hervorruft. Jovialität, Optimismus, vertrauensvolle Gewissheit ausstrahlend. Ehrenvolles, großzügiges Auftreten und Begeisterung, die ansteckt. Weltgewandt.

–   «Ludwig XIV», Der Sonnenkönig

Selbstaufblähung, Selbstüberschätzung, Selbstbeweihräucherung, Verschwendungssucht, Hang zum Protz und zur Übertreibung. Erlebt sich gern in seiner eigenen Großartigkeit. Arrogant, anmaßend, angeberisch, maßlos anspruchsvoll, selbstgerecht, selbstherrlich.

Sonne – Saturn

K   Der Patriarch

Selbstbegrenzung, Lebensernst, Selbstbeschränkung, Grenzen setzend, Neigung zur Depression. Realitätsbewusst, vernünftig, bedrückt, beständig, zuverlässig, melancholisch, pessimistisch, bodenständig, schwermütig, zögerlich. Strenger Vater oder frühe Trennung vom Vater.

+   Der Methodiker

Selbstdisziplin, Beharrlichkeit, Beständigkeit, Vernunft, Konzentration, Ausdauer. Ausgeprägter Realitätssinn. Geduld und Hartnäckigkeit führen zu beständigem Erfolg. Liebe zur Pflichterfüllung. Pläne werden methodisch realisiert. Gradlinig, fleißig, verantwortungsbewusst.

–   Der Vampir

Belastet seine Umgebung mit seiner vorwiegend negativen Erwartungshaltung, Energie raubend für die Mitmenschen. Der Alltag wird als Last empfunden, das Leben auf reine Pflichterfüllung reduziert. Pessimist, Nörgler, Schwarzmalerei, Misstrauen.

Sonne – Chiron

K   *Der Pedant*

Anständige, ehrenhafte, Vertrauen erweckende, glaubwürdige, saubere, ehrliche, reine Ausstrahlung. Kopfmensch, rationale Grundeinstellung. Sehr sparsam, kritisch-zurückhaltend.

+   *Der Analytiker*

Genaueste Beobachtungsgabe, analytische Fähigkeiten. Ehrenhafte, anständige Gesinnung. Rechtschaffen, redlich, ehrbar, achtbar, fair, sauber, charakterfest, ehrenwert.

–   *Der Erbsenzähler*

Überkritische Grundhaltung gegenüber anderen. Neigung zur Haarspalterei. Kopflastigkeit. Rechnet auf. Unflexibel, geizig, kleinlich, rechnerisch, knauserig, engherzig.

Sonne – Uranus

K   Der Rebell

Rebellion, Erfindungsreichtum, Widerspruchsgeist, fortschrittlicher Erfindergeist. Revolutionäres Denken und Auftreten, Liebe zur Provokation. Verteidiger von Gleichheitsprinzipien, visionäres Denken. Freidenker, Forscher, Astrologen, Verfechter neuartiger Theorien. Unangepasst.

+   Der Freigeist

Einfallsreichtum, plötzliche Geistesblitze und Inspirationen. Kreativer Teamgeist mit fortschrittlichen, verwertbaren Ideen. Verfechter unkonventioneller, teils bahnbrechender Theorien und Reformen, die jedoch nachvollziehbar sind und Anklang finden.

–   Der Widerspenstige

Überstürztes, unüberlegtes Handeln. Extremer Widerspruchsgeist, Unberechenbarkeit, Aufmüpfigkeit und Opposition als Lebensprinzip. Plötzliches Revidieren von gefassten Entschlüssen. Aufgeregter Wirrkopf. Nervöse Zersplitterung. Unstetes, unruhiges Verhalten überträgt sich auf die Mitmenschen.

Sonne – Neptun

K   *Der Geheimnisvolle*

Stark ausgeprägte Intuition, Hang zu Genussgiften, große Einbildungskraft, Traumbotschaften, Bequemlichkeit, reiches Innenleben. Liebe zum Rückzug.

+   *Der Feingeist*

Mitgefühl, Hilfsbereitschaft, Einfühlungsvermögen, Intuition, Sensibilität, Feingefühl. Ausgeprägtes Vorstellungsvermögen. Soziale Einstellung. Medial, fantasievoll, nachsichtig, verständnisvoll, telepathisch veranlagt.

–   *Der Geheimniskrämer – Die Fata Morgana*

Lebensgeheimnis, Hang zu Täuschungsmanövern. Weicht Klarstellungen aus. Flüchtet vor unangenehmen Konfrontationen. Unklare Aussagen und Verhältnisse. Undurchschaubar, windig, unklar, unaufrichtig.

Sonne – Pluto

K   Der Egozentriker

Bedingungslose Selbstdurchsetzung.
Der Machtmensch, der die Fäden zieht.
Despot, Egoist, Dominanzanspruch.
Herrschsüchtig, gebieterisch, kontrollsüchtig, rücksichtslos.

+   Der Selbst-Bewusste

Führungsqualitäten. Starke Schaffens- und Erneuerungskraft.
Sehr überzeugendes, nachdrückliches Selbstbewusstsein.
Großes Regenerationsvermögen. Durchsetzungsstark, zielstrebig.

–   Der Despot

Zyniker, Egoist, rücksichtslose Selbstdurchsetzung. Handeln
aus niederen Beweggründen. Zieht bei Widerstand alle Register. Verstrickt sich in Machtkämpfe. Machthungrig, gemein,
unbarmherzig.

Sonne – Aszendent

K   Der Strahlemann

Strahlendes Erscheinungsbild, sonniges Auftreten, optimistische Ausstrahlung. Erweckt Sympathie in der Umwelt, strahlt Lebenskraft und Optimismus aus. Sympathisches Selbstbewusstsein. Die Sonne geht auf bei seinem Erscheinen.

+   Die Frohnatur

Positive Ausstrahlung. Zuversichtlich, verbindlich, selbstbewusst. Kommt bei seinen Mitmenschen gut an.

–   Der Geltungsbedürftige

Geltungsdrang. Gespanntes Verhältnis zur Umwelt. Übertriebenes, unbescheidenes, für die Umwelt unangenehmes Auftreten. Drängt sich auf, ohne es zu merken.

Sonne – Medium Coeli

K**   *Der Erfolgsmensch*

Karrierestellung. Identifiziert sich voll und ganz mit dem Beruf, den er zur Berufung macht. Bezieht sein ganzes Selbstwertgefühl aus seiner Rolle in der Öffentlichkeit. Strahlt Kompetenz aus. Exponierte Stellung in der Gesellschaft. Realisiert ehrgeizige Ziele. Kommt gut an in der Öffentlichkeit.
Berufliche Talente: Ergeben sich durch das Zeichen, in dem die Sonne steht.

+   *Der Zielstrebige*

Kompetentes Auftreten, Durchsetzungsstärke in Beruf und Öffentlichkeit. Zielbewusst, konsequent, willensstark, selbstbewusst.

–   *Der Unzufriedene*

Überfordert seine Umwelt mit überzogenen Vorstellungen und Forderungen. Kommt nicht gut an in der Öffentlichkeit.

Mond – Merkur

K   Der Sentimentale

Ausdrucksstärke, gutes Erinnerungsvermögen, herzliche Anteilnahme, kluger Rat, Güte, Verständnisbereitschaft. Ausgewogenes Verhältnis zwischen Herz und Verstand. Gefühlsbetonte Ausdrucksweise. Sentimental, redet gern vergangenheitsbezogen.

+   Der Tolerante

Taktgefühl. Erreicht über die Sprache die Herzen der anderen. Taktvolle Wortwahl, ausgezeichnetes Sprachgefühl. Verständnisbereiter, anteilnehmender Rede- und Schreibstil.

–   Der Lästerer

Klatschsucht, «dreht sein Fähnchen nach dem Wind», schnelle Meinungsänderung, übertriebenes Fabulieren, Rührseligkeit, Gefühlsduselei, Tränenseligkeit. Überempfindlich, weinerlich.

Mond – Venus

K   Die schöne Seele

Feingefühl, Charisma, Warmherzigkeit, liebevolle Herzlichkeit, entgegenkommendes Wesen, Genussliebe. Anpassungsbereitschaft, liebevolle Einstellung gegenüber Partner und weiblichen Bezugspersonen. Harmonische Partnerschaft. Mutter und Freundin stehen in harmonischem Verhältnis zueinander. Kompromissbereit, liebevoll, ausgeglichen, charmant, beliebt, liebenswürdig, romantisch veranlagt, höflich, heiter, anmutig, künstlerisch interessiert und begabt, freundlich, gesellig, optimistisch.

+   Der Gütige

Taktgefühl, Anmut, Charme, Freundlichkeit, Ausgeglichenheit. Liebevolle, gefühlvolle, herzliche Einstellung zum Liebespartner und zu weiblichen Bezugspersonen. Gutes Verhältnis zwischen Mutter und Freundin.

–   Der Launische

Spannungsgeladenes Verhältnis zum Liebespartner und zu weiblichen Bezugspersonen. Schlechte Menschenkenntnis. Launenhaft, unausgeglichen, reizbar, aufsässig, beeinflussbar, unentschlossen und schwankend in Beziehungsfragen.

Mond – Mars

K   *Der Energische*

Gereizte Ungeduld, vor allem gegenüber Partner und Familie. Impulsiver Gefühlsausdruck und unüberlegtes Handeln. Begeisterungsfähigkeit gleicht einem Strohfeuer – schnell entflammt und schnell erkaltet. Handelt zuerst und denkt erst danach.

Fühlt sich hingezogen zu selbstbewussten, mutigen Frauen.

+   *Der Resolute*

Gesteigerte Antriebskraft, die als selbstverständlich empfunden und gelebt wird. Aktive, freudige Schaffenskraft. Handelt schon, während andere noch reden.

Begeisterungsfähig, energisch, vital, optimistisch, beherzt, mutig, bekennt sich zu seinen Gefühlen, resolut.

–   *Die Ungeduld in Person*

Handelt im Affekt. Voreilig und unüberlegt, «bauchgesteuerte» Entscheidungen, spontane Wutausbrüche. Reizbar, intolerant, eigensinnig, streitlustig.

Mond – Jupiter

K   *«Edel ist der Mensch, hilfreich und gut»*
      (frei nach Goethe)

Kontaktfreudigkeit, Freigebigkeit, Jovialität, Geselligkeit, Nonchalance, Anknüpfung von Auslandsbeziehungen, großzügige Hilfsbereitschaft. Großmütig, gönnerhaft, großherzig, stolz, wohlwollend, überschwänglich. Protektion erfahren und gewähren, vor allem gegenüber Frauen. Reiche Partnerschaft, materiell und/oder emotional.

Ideale und angestrebte Partnerschaft: Ausländer/in, Partner mit Schütze-Betonung oder Partner, die eine Funktion als Berater innehaben.

+   *Der unerschütterliche Optimist*

Guter Ratgeber. Freigebig, gönnerhaft, erfolgreich, glücklich, entgegenkommend, sympathisch, gefällig, gutes Gedächtnis, aufbauend, motivierend, unterstützend.

–   *Der anspruchsvolle Verwöhnte*

Hang zur Verschwendung, Angeberei und Protz, Selbstüberschätzung, Bequemlichkeit, Profilneurose, Maßlosigkeit, Sucht nach Anerkennung und Bewunderung, Selbstmitleid. Maßlos anspruchsvoll, eitel, verwöhnt, nachlässig, labil, verantwortungslos.

Mond – Saturn

K   Der Beherrschte

Vorsicht, Zuverlässigkeit, Verantwortungsbereitschaft, Selbstbeherrschung, Ernsthaftigkeit und Zurückhaltung im Gefühlsausdruck, beständige Partnerschaften, reservierte Gefühle, emotionale Distanz. Verschlossen, enthaltsam.

In der Kindheit Trennung oder emotionale Distanz zur Mutter mit wenig körperlicher Nähe. Infolgedessen auch Strenge mit sich selbst und anderen. Kann Gefühle schlecht zeigen.

Ideale und angestrebte Partnerschaft: Partner mit großem Altersunterschied oder Steinbockbetonung.

+   Der Treue

Beständige Gefühle, Treue, Zuverlässigkeit, Verantwortungsbereitschaft, Pflichtbewusstsein. Hält sich in Beziehungen an Absprachen und selbst gesetzte Regeln. Steht ein für hohe moralische Werte. Sorgsam, genügsam, innerlich gefestigt, fürsorglich, gewissenhaft, zufrieden, besonnen, umsichtig, bedächtig, vorsichtig, charakterfest, zurückhaltend.

–   Der Verschlossene

Gefühle kommen zu kurz durch ausgeprägtes Pflichtbewusstsein. Melancholisch, verschlossen, enthaltsam, eigensinnig, verhalten, spröde, verlegen, kühl, mangelndes Selbstvertrauen, menschenscheu, gehemmt.

Trennung oder emotionale Distanz zur Mutter und/oder Partner/in.

Mond – Chiron

K   Der Penible

Ausgeprägtes Sauberkeitsbedürfnis, Perfektionismus, Rein-
lichkeit. Konstruktiv-kritische, analytische Haltung gegenüber
der Mutter, der Kindheit und weiblichen Personen. Heilende
Fähigkeiten, medizinisch-therapeutische Begabung. Klarer
Blick fürs Detail. Gefühle werden analysiert. Hohe ethische
Werte. Neigung zu latenter Homosexualität***.
Ideale und angestrebte Partnerschaft: extrem ehrliche, Sau-
berkeit liebende Partner oder Jungfraubetonung.

+   Der Heilsame

Gabe zur heilenden Behandlung und Pflege von Lebewesen
und Gegenständen durch klarste, genaue Beobachtungsgabe,
Liebe zur Vollkommenheit. Medizinische Begabung, heilende Kräfte, Fähigkeit zur Vervollkommnung. Umsichtig, ana-
lytisch, genau, korrekt, reinlich, heilsam, bedachtsam, überlegt, überblickend, besonnen, vorsichtig, klug.

–   Der Perfektionist

Extremer bis übertriebener Reinlichkeitskult, Neigung zu
(latenter) Homosexualität***. Kritisierende Grundhaltung
gegenüber Frauen, Mutter und Kindheit. Überfordert seine
Umwelt mit seinem Blick für das Wesentliche und seinem
Streben nach Vollkommenheit, Perfektion und Meisterhaf-
tigkeit.

Mond – Uranus

K   Die sprühende Persönlichkeit

Ausgeprägter Freiheitsdrang, Widerspenstigkeit, Streben nach Unabhängigkeit. Impulsiv, oft unbedacht und voreilig im Gefühlsausdruck. Sucht den Kick in der Partnerschaft. Bricht aus, wenn die Partnerschaft in Routine erstarrt. Liebt die Provokation. Nervöse Reizbarkeit. Unberechenbare, aufgeregte Gefühle. Ungeduldig im Umgang mit anderen.
Ideale und angestrebte Partnerschaft: Unkonventionelle, freiheitsliebende, unabhängige, inspirierende Partner oder Wassermannbetonung.

+   Der Inspirierende

Als Partner/in lebhaft und unkonventionell. Überrascht den Partner gern immer wieder auf angenehme Art. Wirkt auf die Umwelt aktivierend, begeisternd und inspirierend. Zukunftsorientiert, ungeduldig, eigenwillig, sensationslustig, geistig rege, übermütig, unbesorgt, schwungvoll.

–   Das Enfant Terrible

Untreue, plötzliches Ausbrechen aus Partnerschaft und Bindungen, absoluter Unabhängigkeits- und Freiheitsdrang. Übertriebener, aufgeregter Gefühlsausdruck. Neigung zur Untreue, Hang zu ungewöhnlichen Partnerschaften, unruhiges Gefühlsleben, plötzliche Meinungsänderung. Verabscheut Langeweile, Routine, Eingefahrenheit. Braucht immer wieder geistige Anregung und Abwechslung. Unberechenbar, erwartungsvoll, gereizt, ruhelos, überdreht.

Mond – Neptun

K   *Der Schwamm*
(saugt die Stimmung der anderen auf und taucht ab)

Intuition, Ahnungsvermögen, Liebe zum Rückzug und Alleinsein. Mitgefühl, Mitleid, Hilfsbereitschaft, Empfindsamkeit, Verwundbarkeit, (Ent-)Täuschungen, Anteilnahme, Verständnisbereitschaft. Fühlt sich oft unverstanden, tankt neue Kraft in der Einsamkeit. Überempfindlich, beeinflussbar, verletzlich, ängstlich.

Ideale und angestrebte Partnerschaft: Sanfte, einfühlsame Partner oder Fische-Betonung.

+   *Der 7. Sinn*

Barmherzigkeit, warmherzige Anteilnahme, vornehme Zurückhaltung. Feinfühlig, sentimental, sensibel, taktvoll, rücksichtsvoll, mitleidvoll, einfühlsam, sensitiv, dezent, intuitiv, empfindsam, fantasievoll, tolerant, nachsichtig, spirituell.

–   *Der Undurchsichtige*

Täuschungsmanöver mit anschließender Ent-Täuschung, Geheimniskrämerei, Ausweichmanöver, Verschleierungstaktik. Unklares, nebulöses Verhalten. Feige, mutlos, weicht Konfrontationen aus, rätselhaft, hintergründig, geheimnisvoll, unfassbar.

Mond – Pluto

K *Der Emotionsgeladene*

Seelische Erschütterungen, extreme Empfindlichkeit. Irrationale, übertriebene emotionale Erregbarkeit. Sorgenbelastete Kindheit, traumatische Kindheitserlebnisse. Reagiert besonders sensibel auf den Mondzyklus (Voll- und Neumond). Intensives emotionales Erleben.

Ideale, angestrebte Partnerschaft: Skorpionbetonung.

+ *Der Empfindsame*

Intensiver Gefühlsausdruck, reiches Innenleben, Gemütstiefe, Rührseligkeit, Gefühlsstärke, periodisch auftretende Gefühlswallungen, tiefe Empfindungen, starke Regenerationsfähigkeit, Spürsinn, sicherer Instinkt; emotionsstark, gefühlsbetont, fürsorglich, empfindsam.

– *Die Mimose*

Dramatische Gefühlsäußerungen, Launenhaftigkeit, irrationale Gefühlsausbrüche über Geringfügiges. Lebt rücksichtslos ihre Bequemlichkeit aus. Labil, aufdringlich, unausgeglichen. Dramatisiert und hält zwanghaft fest an emotionalen Verletzungen. Schwerer Verlust oder Schock in der Kindheit (emotionales Erdbeben). Macht aus einer Mücke einen Elefanten.

Mond – Aszendent

K*   *Der Stimmungsabhängige*

Gefühlsbetontes, warmherziges, entgegenkommendes Auftreten. Stimmungsschwankungen. Rührselig, schnell zu Tränen gerührt.

Gesicht und Körperformen rundlich, besonders im Alter.

+   *Der Sensible*

Emotionale Großzügigkeit. Anpassungsfähig, flexibel, herzlich, freundlich, einfühlsam, ausgeglichen, gütig, entspannt, verträglich, friedfertig, sensibel, feinfühlig.

–   *Der Bequeme*

Selbstmitleid, Bequemlichkeit. Labil, unausgeglichen, launisch, träge, zu vergangenheitsbezogen. Überfordert die Umwelt mit eingefahrenen, lästigen Gewohnheiten.

Mond – Medium Coeli

K**   *Der Fürsorgliche*

Fürsorglichkeit, Mütterlichkeit. Gemütvolle, warmherzige Ausstrahlung in der Öffentlichkeit.
Berufliche Talente: Umsorgende Berufe, Gastronomie, Hotellerie. Besonders talentiert im Umgang mit Frauen und Kindern.

+   *Der Menschliche*

Gefühlsbetontes, warmherziges Auftreten. Reiches Gefühlsleben. Gütig, menschlich, friedfertig.

–   *Der Stimmungswechsler*

Launenhaftigkeit, Bequemlichkeit, Unausgeglichenheit, Trägheit.

Merkur – Venus

K   Der Poet

Meister der charmanten, entspannten Konversation. Gewandte Ausdrucksweise, beschwingte Heiterkeit, Sinn für Poesie, Neigung zum Dünkel. Ausdrucksvoll, kultiviert, taktvoll, verbindlich, gewandt, diplomatisch, vergnügt, fröhlich.

+   Der Diplomat

Formulierungskunst, gewandte Ausdrucksweise, diplomatisches Geschick, ausgeprägter Harmonie- und Schönheitssinn, schöpferisch-kreativer Geist, Herzensbildung. Liebenswürdig, anmutig, heiter, umgänglich, fair, fantasievoll, unbeschwert, höflich, leichtlebig, taktvoll, artig, entgegenkommend, stilvoll, beschwingt.

–   Der Eitle

Geschwollene, hochgestochene, akzentuierte Redeart. Übertriebene oder gekünstelte Ausdrucksweise, Neigung zu Dekadenz und oberflächlichen Vergnügungen, leichtlebiger Zeitvertreib. Der äußere Schein wird überbewertet. Verschwenderisch, eitel, dünkelhaft.

Merkur – Mars

K   Der Scharfzüngige

Schlagfertigkeit, verbale Spitzen, voreilige Bemerkungen. Bildet sich ein vorschnelles Urteil. Eigensinnig, entschlossen, geistig rege, streitlustig, mischt sich unaufgefordert ein, redet dazwischen.

+   Der Schlagfertige

Einfallsreichtum, impulsives Mitteilungsbedürfnis, scharfer Verstand. Findet immer das passende Wort zur rechten Zeit. Treffende, spontane Redebereitschaft. Kämpferische Rede, Überzeugungskraft. Guter Redner. Setzt Gedanken und Ideen praktisch in die Tat um. Diskussionsfreudig, kommunikativ.

–   Der Besserwisser

Verletzende, vorschnelle, streitlustige Rede. Streit bei geringsten Anlässen. Messerscharfe, verbale Attacken unter die Gürtellinie. Tritt mit seiner Ausdrucksweise oft ins Fettnäpfchen. Provoziert den verbalen Schlagabtausch sowie Streitigkeiten und Prozesse. Reizbar, beleidigend, eigensinnig, taktlos, grob.

Merkur – Jupiter

K   Der Alleinunterhalter

Erfolg durch Schrift oder Rede (Schriftsteller, Redner, Schauspieler, abhängig vom Tierkreiszeichen). Gedankenreichtum, ungehemmter Redeschwall, vergisst die Zeit beim Reden. Ideenreich, redselig, geschäftstüchtig, gutmütig, schlau, listig, gewitzt, fintenreich, schöpferisch, kreativ, wissensdurstig, findig, belesen.

+   Der Meister der Konversation

Erfolgreiche Formulierungsgabe, Redetalent, Gedankenreichtum, schwungvolle Sprache, Rede- und Schreibbegabung, schöpferische Ideen, interessante Gesprächsführung, umgängliches Wesen, ungehemmte, fließende Kommunikation. Redegewandt, kontaktfreudig, wissensdurstig, redlich, gesprächig, vielseitig interessiert, redselig.

–   Die Plaudertasche

Redeschwall, Selbstüberschätzung, übersteigerte Erwartungen. Übertriebenes, ungebremstes Mitteilungsbedürfnis, redet ohne Punkt und Komma, tanzt auf zu vielen Hochzeiten. Schwatzhaft, klatschsüchtig, indiskret, aufdringlich, zerstreut, unvorsichtig, übertreibt maßlos.

Merkur – Saturn

K   Der Schweigsame

Konzentrierte und verzögerte Denk- und Sprechweise, Ausdauer, Beharrlichkeit, trockener Humor, Durchhaltevermögen. Schwerfälliges, gründliches Denken und Sprechen. Sachlich, wortkarg, ernst, tiefgründig, nachdenklich, fleißig, schweigsam, einsilbig, realistisch bis pessimistisch, tiefgründig, lakonisch.

+   Der Konzentrierte

Selbstdisziplin, gutes Gedächtnis, Fleiß, Konzentrationsfähigkeit, Entschlossenheit, methodische Arbeitsweise, guter Zuhörer. Klare, schnörkellose, überlegte Sprache. Konzentrierte, ernsthafte Gespräche. Steht zu seinem Wort. Nachdenklich, hartnäckig, überlegt, besonnen, Vertrauen erweckend, denkt logisch, weise.

–   Der Spätentwickler

Verzögerte Denk- und Sprechweise, Wortkargheit, verzögerte geistige Entwicklung in der Kindheit, mühevolles Lernen, Sprachhemmungen oder -störungen (Neigung zur Legasthenie), träges Denken, geistige Antriebslosigkeit. Verschlossen, konservativ, engstirnig, eigensinnig, verstockt, dickköpfig, nachtragend.

Merkur – Chiron

K   Der Kritiker

Analytisches Denkvermögen, effiziente Gedankenarbeit, klare Denkweise, findet sofort «das Haar in der Suppe». Klare, direkte Sprache. Übersieht nichts, kommt ohne Umschweife auf den Punkt.

+   Der Schlaukopf

Gesunder Menschenverstand, Geschäftstüchtigkeit, Scharfsinn, schnelle Auffassungsgabe, Klugheit, Findigkeit. Vernünftig, intelligent, verständig. Redet nicht um den heißen Brei, sondern lösungsorientiert.

–   Der Haarspalter

Kritikaster. Bedingungslose, verletzende Ehrlichkeit. Bringt seine Meinung schnörkellos und rundheraus zum Ausdruck ohne Rücksicht auf Verluste. Listig, gerissen, schlau, mit «allen Wassern gewaschen».

Merkur – Uranus

K   Der Provokateur

Erfindergeist, Individualist, provokante Sprache, Verfechter fortschrittlicher Neuerungen, Inspirationen. Zerfahren, revolutionär, eigenwillig, unkonventionell, erfinderisch, wissbegierig, zukunftsorientiert, aufgeregt, unstet, vorurteilsfrei, unangepasst, unruhig, verzettelt sich.

+   Der Freidenker

Geistesblitze, schöpferischer Verstand, originelle Ideen, Erfindungsgabe, reger Geist, unkonventionelle Ansichten, schnelle Auffassungsgabe, spontane, blitzartige Erkenntnisse. Aufgeweckt, einfallsreich, geistig beweglich, sprachgewandt, wissbegierig, wach, inspirierend.

–   Der notorische Neinsager

Aggressive, unangebrachte Äußerungen, nervöse Überspanntheit, Selbstüberschätzung, sprunghaftes Denken. Verzettelt sich. Verwirrt, überdreht, taktlos, überheblich, widerspruchsvoll, provozierend, rebellisch, zerstreut, unberechenbar, exaltiert, unlogisch, unbesonnen, zerfahren, nicht kompromissfähig.

Merkur – Neptun

K   Der Märchenerzähler

Intuition, ausgeprägtes Vorstellungsvermögen, Fantasie, Idealismus, Einbildungskraft, ausschmückende Sprache, Unklarheit, Täuschungen, unklare, verschwommene Ausdrucksweise. Kommt nicht auf den Punkt, weicht aus.

+   Der Meister der nonverbalen Kommunikation

Ausgeprägte Intuition, Fantasie, Fabulierungskunst, Verständnisbereitschaft, Idealismus, einfühlsame Sprache, Einfühlungsvermögen, sanfte Ausdrucksweise, empfänglicher Geist. Feinsinnig.

–   Der zerstreute Professor

Missverständnisse durch Unkonzentriertheit, Neigung zu Verschleierungstaktik und Lügenhaftigkeit. Verschwommene, unklare Rede. Verursacht Unklarheit, geht klärenden Gesprächen aus dem Weg, missverständliche Ausdrucksweise. Vergesslich, unpünktlich, abschweifend, unkonkret, weicht aus, unkorrekt.

Merkur – Pluto

K   Der Alleswisser

Handelt nach dem Motto «Wissen ist Macht». Redegewalt, machtvoller Überzeugungseifer, Suggestionskraft, Geltungsbedürfnis, nachdrückliche Überzeugungskraft. Rechthaberisch, nicht nachgebend, (subtile) durchsetzungsstarke Rhetorik.

+   Der Wortführer

Beeindruckendes Redetalent, überzeugende Argumentation, eindringliche Sprache, ausgeprägtes Differenzierungsvermögen, selbstbewusste Ausdrucksweise, Vergnügen an geistiger Herausforderung und Rededuellen. Nachdrücklich, begeisternd, emphatisch, lässt nicht locker, bezwingend, raffiniert.

–   Der Oberlehrer

Rechthaberei, Wichtigtuerei, geringe Wertschätzung des Gesprächspartners über subtile, abschätzige Botschaften. Verächtliche Haltung gegenüber intellektuell vermeintlich Schwächeren. Hält Monologe. Laute oder bedrängende Gesprächsführung. Redegewalt – unterbricht andere beim Reden, lässt sich selbst aber nicht unterbrechen. Reißt das Wort an sich. Gemein.

Merkur – Aszendent

K* Das Plappermaul

Vorschnelle Meinungsäußerung. Lebhaft, kommunikativ, kontaktfreudig, mitteilsam, redegewandt, ideenreich. Verhält sich schillernd und quecksilbrig.

+ Der Unterhalter

Flexible, gewandte, kurzweilige Gesprächsführung. Redefreudig, unterhaltsam, geistreich, diskussionsfreudig, kompromissbereit.

– Der Mitteilsame

Aufdringliches Auftreten und Verhalten. Neugierig, Klatschen über Andere, oberflächliche Gesprächsthemen.

Merkur – Medium Coeli

K** Der Redner

Sprach- und Redetalent, Kontaktfreudigkeit, diplomatisches Geschick, Erfolg durch Sprachgewandtheit in Öffentlichkeit und Beruf, spielerische Überzeugungskraft.
Berufliche Talente: Medienbereich, kaufmännische Berufe, Verkäufer, Redner, Bürokommunikation, Reisende, Taxifahrer, Seminarleiter.

+ Der Kontaktfreudige

Lockere, unkomplizierte Gesprächsführung. Kontaktfreudig, mitteilsam, redegewandt in Öffentlichkeit und Beruf.

– Der unsensible Gesprächspartner

Überfordert Geschäftspartner und Öffentlichkeit (Behörden, Ämter, Autoritätspersonen etc.) mit unangebrachten Äußerungen.

Venus – Mars

K   Der Charmeur
Unbekümmerte Kontaktfreudigkeit. Leichte, zwanglose, unbesorgte Kontaktaufnahme, auch zum anderen Geschlecht. Beliebt, offenherzig. Ständige, unbeschwerte Flirtbereitschaft.

+   Der Gesellige
Charmant, kontaktfreudig, unbekümmert im Kontakt, bedenkenlos, unkompliziert, entgegenkommend, leichtlebig, geht auf andere zu, keine Berührungsängste. Ungehemmte, freudige, spontane, Sympathie erweckende Kontaktaufnahme.

–   Der Schürzenjäger
Aufdringliche Flirtversuche, selbst im Beisein der Partnerin/ des Partners. Unbedachte Kontaktaufnahme, gedankenlos, geschmacklos, taktlos, plump-vertraulich, indiskret, unbesonnen, unüberlegt.

Venus – Jupiter

K   Der Genussmensch

Liebesglück, Kunstsinn, Formensinn, ästhetisches Feinempfinden, gutes Benehmen. Unbeschwert, freundlich, beliebt, großzügig, fröhlich, kreativ, entgegenkommend, optimistisch, verständnisvoll, genussfähig.

+   Der Lebenskünstler

Ausgewogener, guter Geschmack, Genussfreude, Glück und Erfolg in Liebesdingen, ausgeprägtes Bedürfnis nach Schönheit und Harmonie. Heiter, charmant, kontaktfreudig, liebenswürdig, unbeschwert, großzügig, tolerant, genussfreudig, schöpferisch.

–   Der Übertreiber

Hang zum Kitsch, schlechter Geschmack, übertriebenes Dekorationsbedürfnis (zu bunt und überladen), maßlose Genusssucht, zeitweilig mehrere Liebesbeziehungen gleichzeitig. Kokett, nachlässig, gefallsüchtig, überschwänglich, eitel.

Venus – Saturn

K   Der Vernünftige

Erlaubt sich nicht, über die Stränge zu schlagen. Selbstdisziplin in Genuss-, Finanz- und Liebesdingen, Selbstbeschränkung, Pflichtbewusstsein geht vor Vergnügen, Verantwortungsgefühl, schätzt konservative Werte in der Partnerschaft. Scheu, asketisch, enthaltsam, nüchtern.
Sucht zuverlässigen, reifen Partner oder geht Partnerschaften ein mit großem Altersunterschied.

+   Die treue Seele

Selbstbeherrschung, Selbstdisziplin. Zuverlässig, zurückhaltend, sachlich, respektvoll, realistisch, selbstgenügsam, dezent, unaufdringlich, maßvoll, sparsam, taktvoll, integer, diskret.

–   Der Schwermütige

Angst vor Zurückweisung, Kontaktschwierigkeiten, Selbstmitleid, versagt sich und anderen Lebensfreude, schwer zufriedenzustellen. Trübsinnig, melancholisch, emotionslos, leidenschaftslos, ablehnend, gefühlskalt, unzugänglich.

Venus – Chiron

K   Wie aus dem Ei gepellt ...

Klarer Blick für das Wesentliche in Kunst, Liebe und Schönheit, daher perfekter Ratgeber in Schönheitsfragen. Kunstverstand. Genießt Sauberkeit, legt großen Wert auf Ehrlichkeit und Reinlichkeit, latente Neigung zur Homosexualität***, kritische Haltung gegenüber Frauen. Adrett, sehr gepflegt, korrekt und genau.

+   *Der Kunstverständige*

Liebe zur Perfektion, Reinheit und Vollkommenheit. Blick fürs Detail. Fähigkeit, aufbauende, heilsame, konstruktive Kritik zu üben in Kunst- und Schönheitsfragen, kann wertvolle und genaue Verbesserungsvorschläge geben. Prädestiniert als Ratgeber – sieht sofort, wo etwas nicht stimmt.

–   *Der Pingelige*

Reinlichkeitsfanatiker, kritisierende Einstellung gegenüber Frauen, findet immer ein Haar in der Suppe, hat am Partner immer etwas auszusetzen, latente Neigung zur Homosexualität***. Übergenau, perfektionistisch in Kunst- und Schönheitsfragen.

Venus – Uranus

K   Der Freiheitsliebende

Sprunghaftes, unkonventionelles Liebesleben, Unabhängig-keitsliebe, Drang nach Ungebundenheit.

Kreativ, anregend, gesellig, extrovertiert, inspirierend, sprü-hend, gesellig, unterhaltsam, beliebt, eigenwillig, schöpfe-risch, ungezwungen.

+   Der Lebenslustige

Kontaktfreude, Begeisterungsfähigkeit, interessante Be-gegnungen. Lebhaft, zuversichtlich, leichtlebig, charmant, künstlerisch-kreativ-schöpferisch begabt, umgänglich, heiter, unterhaltend, optimistisch.

–   Der Abenteurer

Liebesabenteuer. Plötzliche, unerwartete Trennung vom Lie-bespartner, unberechenbare Gefühle, nervöse Reizbarkeit, lehnt sich auf gegen Einschränkungen. Wankelmütig, bricht plötzlich aus, flatterhaft, untreu.

Venus – Neptun

K   Der Träumer

Liebe zum Rückzug, Illusionen und Täuschungen im Liebesleben, Verinnerlichung. Romantisch, träumerisch veranlagt, schwärmerisch, musikalisch, unklare Liebesbeziehungen, hohe Ideale. Verliebt sich gern in unerreichbare Partner, illusionäre Liebesgefühle, kann nicht Nein sagen, tritt die Flucht an, taucht ab. Sensitiv.

+   Der Einfühlsame

Anteilnahme, Nächstenliebe, telepathische Fähigkeiten. Mitfühlend, empfindsam, feinsinnig, anpassungsfähig, idealistisch, rücksichtsvoll, verständnisvoll, feinfühlig, taktvoll, zartfühlend, träumerisch, seelenvoll. Fühlt sich durch ein unsichtbares Band mit dem Partner verbunden.

–   Der Nebulöse

Enttäuschungen, Unentschlossenheit und Unzuverlässigkeit im Liebesleben, nebulöses Verhalten gegenüber dem Liebespartner, verursacht Unklarheit und Unsicherheit, kann Verführungen schwer widerstehen. Unsicher, übersensibel.

Venus – Pluto

K   Der Unwiderstehliche

Erotische Anziehungskraft, Charisma, feurige Leidenschaft, stark ausgeprägtes Liebesverlangen, Besitzansprüche, Sinnlichkeit, dramatisch-leidenschaftliche Liebesverbindungen, intensive künstlerische Ausdrucksmöglichkeiten. Erlebt das ganze Spektrum der Macht der Liebe hautnah – himmelhoch jauchzend, zu Tode betrübt.

+   Der Sinnliche

Starke Liebesfähigkeit, intensive Liebesbeziehungen, tiefste Gefühle, künstlerische Begabung, Sinn für Formen und Farben, Sinnesfreude. Anziehende, erotische Ausstrahlung. Genießerisch, lustvoll.

–   Der Schwelgende

Intensives Liebesleben mit dramatischen Szenen und Auftritten. Verbotene Liebesgeschichten, in die man sich zwanghaft verstrickt und nicht voneinander loskommt. Erotische Ausstrahlung. Periodisch Neigung zur Unsittlichkeit oder anstößigem Verhalten. Lustbetont, leidenschaftlich.

Venus – Aszendent

K*   *Der Artige*

Liebenswürdiges, charmantes Auftreten, gutes Benehmen. Abhängig von Sympathiebekundungen und Anerkennung. Harmonie- und gefallsüchtig, kompromissbereit, entgegenkommend. Zeigt sich stets von seiner besten Seite. Schmeichelt anderen, um zu gefallen.

+   *Der Umgängliche*

Geselligkeit, Schönheitssinn. Charmant, liebevoll, nachgiebig, vermittelnd, tolerant, nachsichtig, wird dadurch leicht ausgenutzt.

–   *Der Schmeichler*

Eitelkeit, Bequemlichkeit. Träge, müßig, untätig, faul.

Venus – Medium Coeli

K**   *Der Liebende*

Tiefe Liebesfähigkeit, Nächstenliebe, Menschenliebe. Verbreitet Schönheit, Kunst, Harmonie und Verständnisbereitschaft in Öffentlichkeit und Beruf. Ausgeprägtes diplomatisches Geschick.

Berufliche Talente: Diplomat, künstlerische Berufe, besonders Tanz, Bühne. Wellness, Dekoration, Einrichtung, Gestaltung. Feine, raffinierte Gastronomie (Konditorei, Lokale mit dem gewissen Etwas), Floristik, Kunstgegenstände.

+   *Der Wohlwollende*

Schönheitssinn, harmonisches, liebenswürdiges Auftreten. Kunstsinnig.

–   *Der Selbstverliebte*

Selbstüberschätzung, Selbstbewunderung. Gefallsüchtig, eitel, kokett.

Mars – Jupiter

K   Der Enthusiast

Erfolgreiche Schaffenskraft, Konkurrenzdenken, will sich messen und raufen. Zieht gern eine Show ab. Tatkräftig, kämpferisch, geltungssüchtig, streitlustig, dynamisch, entschlossen, ehrgeizig, energisch, zielstrebig, unternehmungslustig, mutig, risikofreudig. Begabt für Kampfsport und alle Ballsportarten.

+   Der Tatendurstige

Elan, Tatendrang, Ehrgefühl, Stolz, Organisationstalent, Unternehmungslust, Mut, Entschlossenheit, Ehrgeiz. Überschwänglich, betriebsam, begeisterungsfähig, arbeitswillig, fleißig, aktiv, lebhaft, zupackend, eifrig, geschäftig, ambitioniert, tüchtig.

–   Der Streitsüchtige

Streiten, egal wofür, Hauptsache streiten. Auflehnung gegen alles und jeden, lebt in allen Partnerschaften von der Reibungswärme. Schnell entflammt – schnell erkaltet. Voreilig, ungeduldig, überaktiv, überschäumend, übertreibt gern. Sehr begabt für Kampfsport und alle Ballsportarten.

Mars – Saturn

K   Der Hartnäckige

Ausdauer, Selbstdisziplin, Unzufriedenheit, Unausgeglichenheit, die z.B. beim Autofahren deutlich zum Ausdruck kommt (unausgeglichene Fahrweise – Vollgas und sofortiges Bremsen). Realistisch, unbeugsam, besonnen, ärgerlich, aggressiv, ehrgeizig, neigt zu Handgreiflichkeiten.

+   Der Leistungsmensch

Beharrlichkeit, Durchhaltevermögen, Zielstrebigkeit, Zähigkeit, Stehvermögen, Unerschütterlichkeit, Entschiedenheit, Standhaftigkeit, Geduld. Hartnäckig, unermüdlich, ausdauernd, unbeirrbar, stetig, beständig, praktisch begabt. Setzt logisch und überlegt Theoretisches in die Praxis um. Sucht die Herausforderung.

–   Der Starrköpfige

Härte, Auseinandersetzungen, Unfall- oder Verletzungsgefahr, unausgeglichenes Verhalten (auch im Straßenverkehr), Neigung zur Gewalt, durch auftretende Widerstände von außen Gefahr der Verbitterung, Kraftproben. Verstockt, unzufrieden, gereizt, nachtragend, störrisch, verbohrt, herb, verletzend.

Mars – Chiron

K *Der Geschickte*

Ordnungstrieb, heilende Energie in den Händen. Umsichtig, wendig, vorsichtig. Verrichtet handwerkliche Arbeiten korrekt und genau.

+ *Der Akribische*

Gewissenhaftes, penibles, akkurates Arbeiten, Geschicklichkeit. Prädestiniert für feine Kleinarbeiten. Gründlich, behutsam.

− *Der Reizbare*

Kleinlichkeit, Umständlichkeit, Pingeligkeit. Pedantisch. Kritiklustig.

Mars – Uranus

K   Der Freiheitskämpfer

Vorschnelles Handeln, Widerborstigkeit. Akzeptiert kein Nein. Voreilig, draufgängerisch, unbesonnen, impulsiv, ungestüm, aufbrausend, unbeherrscht, eigensinnig, hemmungslos, explosiv, verletzungsgefährdet, kann handgreiflich werden.

+   Der Übermütige

Entschlossenes Handeln, Geistesgegenwart, schnelle Reaktionsbereitschaft, verliert keine Zeit. Couragiert, ruhelos, ungestüm, ungeduldig, stürmisch, originell, wach, engagiert, mutig, unerschrocken, verwegen, abenteuerlustig, tapfer, risikofreudig, kämpferisch, schwungvoll, handelt rasch.

–   Der Eigensinnige

Aufsässigkeit, Unbelehrbarkeit, Widersetzlichkeit, Tobsuchtsanfälle. Widerspenstig, draufgängerisch, rücksichtslos, unkontrolliert, triebhaft, unfallgefährdet, trotzig, spannungsgeladen, uneinsichtig, gewalttätig (kann umgewandelt werden in sportliche Höchstleistung).

Mars – Neptun

K   *Der Antriebslose*

Lethargie, Energiemangel, Suchtgefahr, mangelnde Zeugungskraft, Schwächezustände, Täuschungsmanöver. Schnell erschöpft, willensschwach, nachgiebig.

+   *Die heilende Hand*

Aktive Hilfsbereitschaft, Fingerspitzengefühl, intuitives Handeln, Sanftmut. Mitleidvoll, einfühlsam, idealistisch, Trost spendend, verständnisvoll, taktvoll, ausgeglichen, nachsichtig, behutsam, gütig, schonungsvoll, pfleglich, achtsam.

–   *Der Nachgiebige*

Antriebsarmut, mangelnde Durchsetzungskraft, Arbeitsunlust, Fehlschläge, Willensschwäche. Energielos, phlegmatisch, teilnahmslos, leidenschaftslos, träge, lustlos, schwach, haltlos.

Mars – Pluto

K   Der Kämpfer

Draufgängertum, Mut, Selbstvertrauen, Ehrgeiz, außergewöhnliche Durchsetzungskraft, starke Libido.
Der Gewaltmensch. Arbeitswütig, tyrannisch, anspruchsvoll, nimmermüde, furchtlos, erfolgreich durch außergewöhnlichen Energieeinsatz, begabt für handwerkliche Tätigkeiten.

+   Der Unerschrockene

Ausgeprägter Tatendrang, geschickte Hände . Zupackend, fleißig, aktiv, energiegeladen, beflissen, energisch, unermüdlich, beherzt, tatkräftig, rührig, unverzagt, abenteuerlustig, betriebsam, rastlos, arbeitswillig.

–   Der Teufelskerl – das Teufelsweib

Raufbold, Rekordarbeiter, Adrenalin-Junkie, übermenschliche Kraft, extremer Körpereinsatz und körperliche Anstrengung. Waghalsigkeit, Wutausbrüche. Todesmutig, tollkühn, jähzornig, überaktiv, unfallgefährdet, triebhaft, sucht die Gefahr. Bei mangelndem Körpereinsatz Neigung zur Gewalt (Transformationsmöglichkeit: Überschuss an Energie / Aggression umsetzen in außergewöhnliche Höchstleistungen bei Kampf- und Ballsportarten!).

Mars – Aszendent

K*   *Der Antriebsmotor*

Forsches, bestimmendes Auftreten, Durchsetzungskraft. Voreiliges, oft unbedachtes Handeln, gebraucht die Ellenbogen. Liebt die Herausforderung und nimmt sie an. Kämpferisch, ungeduldig, kompromisslos, impulsiv, ungestüm.

+   *Der Unternehmungslustige*

Vitalität, Begeisterungs- und Motivationsfähigkeit, Organisationstalent, kann andere mobilisieren und aktivieren. Temperamentvoll.

–   *Der Streithahn*

Kampfeslust, Streitlust, Konflikte, Auseinandersetzungen. Will anderen den eigenen Willen aufzwingen.

Mars – Medium Coeli

K** *Der Kommandeur*

Elan, Führungsqualitäten. Resolut, kämpferisch, durchsetzungsstark.

Berufliche Talente: Handwerk, Sport, Armee. Tätigkeiten, die Mut und körperliche Einsatzbereitschaft voraussetzen.

Ideal: selbstständige Berufe und Führungspositionen.

+ *Das Organisationstalent*

Schnelles Handeln. Energisches, entschlossenes, vitales, handlungsfähiges Auftreten in Öffentlichkeit und Beruf.

– *Der Ungestüme*

Unüberlegtes Handeln, übereilte Aktionen in Beruf und Öffentlichkeit. Voreilig, streitlustig gegenüber Geschäftspartnern, Vorgesetzten, Ämtern und Autoritäten.

Jupiter – Saturn

K   Der Beharrliche

Erfolg durch Ausdauer, Geduld und Selbstdisziplin. Redlichkeit, effiziente Arbeitsweise. Ehrgeizig, fleißig, realitätsnah, hartnäckig, emsig, strebsam, ehrsam, loyal, charakterfest, wertschätzend.

+   Der Rechtschaffene

Arbeitseifer, Einsatzbereitschaft, Rechtschaffenheit. Vorausplanend, ergebnisorientiert, geduldig, kenntnisreich, anständig, ehrenwert, fair, erhaben, aufrecht, achtbar, aufrecht, verantwortungsvoll.

–   Der Missmutige

Unzufriedenheit, Resignation, Hoffnungslosigkeit, mangelndes Selbstvertrauen, Ärger, Verdrießlichkeit, Verdrossenheit. Träge, pessimistisch, schwermütig, risikoscheu, leidenschaftslos.

Jupiter – Chiron

K   Der Organisator

Pädagogische und heilende Fähigkeiten, Organisationstalent, Ehrgefühl. Ehrlicher Ratgeber.

+   Der Ratgeber

Erteilt wohltuende Ratschläge. Aufrichtig, rechtschaffen, loyal, fair, anständig, redlich.

–   Der Belehrende

Übertriebene Kritiksucht, Perfektionismus. Erteilt verletzende, belehrende Ratschläge.

Jupiter – Uranus

K   Der Glücksritter

Inspirationen, Weitblick, plötzlicher Aufbruch, unerwartete Glücksfälle, Unabhängigkeitsdrang, hohe Erwartungen, Aha-Erlebnisse, Fernweh. Einfallsreich, wissensdurstig, zukunftsweisend, erfinderisch, richtungsweisend als Ratgeber, großzügig.

+   Der Unbekümmerte

Glückliche «Zufälle», blitzartige Erkenntnisse, offener Geist, plötzlicher Erfolg, Erfindungsgeist, erfolgreiche Ideen. Unbesorgt, begeisterungsfähig, unbeschwert, ideenreich, schöpferisch, kreativ, vorurteilsfrei.

–   Der Unberechenbare

Der «Zigarettenhol-Aspekt» – geht ohne Ankündigung fort und kommt nicht wieder. Plötzlicher, rücksichtsloser Aufbruch, Selbstbefreiung. Provokante Übertreibungen, Unbeständigkeit, Neugier, Eroberungsdrang, Spekulationen. Wechselhaft, unstet, taktlos.

Jupiter – Neptun

K   *Der Verträumte*

Intuitionen, Idealismus, Feingefühl, ausgeprägte Fantasie, reiches Vorstellungsvermögen, weitreichende Pläne, Gutmütigkeit, Arglosigkeit. Vertrauensvoll, hoffnungsvoll, beeinflussbar, verträumt, verführbar, sozial eingestellt, wird leicht ausgenutzt.

+   *Der Idealist*

Gefühlsreichtum, Nächstenliebe, Medialität, Güte, Eingebungen, Vorstellungskraft. Barmherzig, wohltätig, empfindsam, mitleidvoll, hilfsbereit, einfühlsam, hellfühlig, verständnisvoll, sanftmütig, intuitiv, romantisch.

–   *Der Weltfremde*

Fehlspekulationen, Unverstandensein, Bequemlichkeit, Beeinflussbarkeit. Überfordert andere mit übersteigerter Fantasie oder medialen Eingebungen. Enttäuschung und Ernüchterung. Leichtgläubig, verträumt, schwärmerisch, lässt sich leicht ausnutzen, lebt über seine Verhältnisse.

Jupiter – Pluto

K   Der Weltverbesserer

Führungspersönlichkeit, Ehrgeiz, grenzenloses Selbstvertrauen, Machtstreben, unerschütterliches Selbstbewusstsein, Geltungsdrang, Organisationstalent. Erfolgreich, spekulativ, verschwenderisch.

+   Der Wohltäter

Mitreißende Risikobereitschaft, Lebenslust, starkes Gerechtigkeitsempfinden, Überzeugungskraft, optimistische Durchsetzungsstärke, Erneuerungskraft. Ambitioniert, übernimmt Verantwortung, sozial engagiert, schwungvoll.

–   Der Überhebliche

Eroberungsdrang, Arroganz, übersteigerte Ansprüche, verstrickt sich in Machtkämpfe. Überlegenheit, Druck ausübend, Profilneurose. Machtgierig, manipulierend, arrogant, skrupellos.

Jupiter – Aszendent

K*   *Das Kleckermaul*

Grenzenloses Selbstvertrauen, weite Reisen, Auslandsaufenthalte, offene Körperhaltung, gewinnendes Auftreten, überschreitet Grenzen. Überschwänglich, kindlich, offen, ideenreich, großzügig, freundlich, sympathisch, ungeschickt, neigt zum Kleckern.

Körperlich: oft Wirbel am Haaransatz.

+   *Der Förderer*

Vorurteilsfreie Offenheit, spontane Ehrlichkeit, erfährt und gewährt Protektion, erfrischendes Auftreten. Entgegenkommend, heiter, begeisterungsfähig, hilfsbereit, vielseitig, großmütig, gönnerhaft.

–   *Der Aufschneider*

Selbstüberschätzung, Selbstgerechtigkeit, Geltungssucht, Imponiergehabe. Aufgeblasen, eingebildet, übertreibt maßlos, unbeherrscht, verschwenderisch, großspurig.

Jupiter – Medium Coeli

K** Die glückliche Hand

Karrieremensch. Strahlt Kompetenz aus und natürliche Autorität, sozialer Aufstieg, Zufriedenheit. Erfolgreich, ehrgeizig, optimistisch.
Berufliche Talente: Berater- und Reisetätigkeiten, Philosophie, Religion, Jura.

+ Der Joviale

Elan, Optimismus, Selbstsicherheit, Selbstständigkeit. Schwungvoll, lebhaft, schöpferisch, bedenkenlos, unkompliziert.

– Der maßlos Anspruchsvolle

Übertriebenes Geltungsbewusstsein, Überheblichkeit, Anspruchshaltung gegenüber Autoritäten, Geschäftspartnern, Vorgesetzten, Behörden und Ämtern. Extrem hohe Erwartungshaltung.

Saturn – Chiron

K   *Der Gewissenhafte*

Ernsthaftigkeit, Gründlichkeit, Pflichtbewusstsein.
Als Transit: Neigung zur Krankheit.

+   *Der Pflichtbewusste*

Verantwortlichkeit, Fürsorge, Verlässlichkeit, Sorgfalt, Genauigkeit. Verschwiegen.

–   *Der Eigenbrötler*

Nörgelei, Unverstandensein. Verschlossen, unzugänglich, zugeknöpft, ungesellig, distanziert, kühl.

Saturn – Uranus

K   Der Wildentschlossene

Unausgeglichenheit, Zähigkeit, Freiheitsdrang gegenüber Autoritäten, Hartnäckigkeit, Rebellion gegen Bevormundung, gespanntes Innenleben, fast unmenschliche Leistungsbereitschaft. Eigenwillig, tatkräftig, leistungswillig.

+   Der niemals Aufgebende

Einsatzbereitschaft, Beharrlichkeit, Selbstdisziplin, Durchhaltevermögen, Ausdauer, Leistungsfähigkeit, Unermüdlichkeit, unerschütterliche Willenskraft, effiziente Arbeitsweise, ergebnisorientiertes Handeln.

–   Der Quertreiber

Unausgeglichenheit, Zerrissenheit, Verdrossenheit, Unzufriedenheit, Unlust, Unbehagen, innere Konflikte, Bitterkeit, erhebt Einspruch. Herausfordernd, gereizt, missmutig, ärgerlich, streitbar, gewalttätig.

Saturn – Neptun

K   *Der Retter in der Not*

Fürsorglichkeit, zuverlässige Hilfsbereitschaft, Verantwortungsbewusstsein, Einsatzbereitschaft zum Wohle anderer, soziales Engagement, Gelassenheit, Verantwortungsethik. Argwöhnisch.

+   *Der kosmische Spagat*

Mediale Eingebungen bei gleichzeitiger Bodenständigkeit, praktische Hilfsbereitschaft, Pflichtgefühl. Kann Träume und Visionen in die Tat umsetzen. Glaubwürdig, verantwortungsbewusst, vertrauenswürdig.

–   *Der Niedergeschlagene*

Misstrauen, Unbefriedigtheit, Unsicherheit, Verstimmungen, Minderwertigkeitsgefühle, Freiheitsbeschränkung. Übervorsichtig, ängstlich, gehemmt.

Saturn – Pluto

K   *Der Strenge*

Unnachgiebigkeit, Härte, Selbstdisziplin, Ausdauer, Durchhaltevermögen, Durchsetzungsfähigkeit, Halsstarrigkeit. Unzugänglich, verschlossen, kompromisslos, unbequem, ungerührt.

+   *Der Pragmatiker*

Konzentrationsfähigkeit, Beständigkeit, Erfolg durch Fleiß und harte Arbeit, Ernsthaftigkeit, Treue, Sicherheitsstreben, Entschlossenheit, Zähigkeit, nimmt Entbehrungen bescheiden in Kauf, stellt sich tapfer Herausforderungen. Aufmerksam, tüchtig.

–   *Der Dickschädel*

Unerbittlichkeit, Unnachsichtigkeit, verschlossene Gedankenwelt, fanatische Glaubensüberzeugungen, Verstocktheit. Hartherzig, herrisch, unversöhnlich, starrsinnig, verbohrt, eigensinnig, dickköpfig, gefühllos.

Saturn – Aszendent

K*   *Der Übervorsichtige*

Verzögerte Reaktion, geringes Selbstvertrauen; eigene Geburt verlief schwierig. Zurückhaltend, schüchtern, vertrauenerweckend, bescheiden, gehemmt, sicherheitsorientiert.

\+   *Der Verlässliche*

Diszipliniert, rechtschaffen, planvoll. Eigene hohe Wertmaßstäbe.

–   *Der Selbstzweifler*

Selbstzweifel, wenig Selbstwertgefühl, Hemmungen, Minderwertigkeitsgefühle. Verlangsamtes Handeln und Reagieren. Risikoscheu.

Saturn – Medium Coeli

K** *Der geduldige Ehrgeizige*

Langsamer, kontinuierlicher, beständiger beruflicher Aufstieg. Geduld und Ausdauer beim Verfolgen beruflicher Ziele. Ehrgeizig.

Berufliche Talente: Bankwesen, Immobilien, Architektur, Naturwissenschaft, Förster, Holz- und Steinverarbeitung, Geschichte, Gesetz und Ordnung. Bevorzugt sichere Berufe.

+ *Der Bewahrer*

Zielstrebigkeit, Ausdauer, Selbstdisziplin, Konsolidation und Durchhaltevermögen in der Lebens- und Berufsplanung. Gibt nicht schnell auf.

– *Der Mutlose*

Lebensmotto: «Das ist nicht so einfach!» Schwieriger Aufstieg, Rückschläge, Hoffnungslosigkeit, Resignation, Entsagung, negative Erwartungshaltung, Pessimismus, Misstrauen, Minderwertigkeitsgefühle.

Chiron – Uranus

K   Der Querdenker

Fortschrittliches Denken und Heilen, Entdeckung ungewöhn-
licher Heilmethoden, schockierende Ehrlichkeit.

+   Der fortschrittliche Realist

Schnelle Auffassungsgabe, Realisierung fortschrittlicher Ar-
beitsmethoden und Therapien, Geschicklichkeit.

–   Der Taktlose

Schockierende Kritik, unangebrachte Äußerungen, nicht
nachvollziehbare Heilmethoden.

Chiron – Neptun

K   *Der intuitive Heiler*

Sanfte Kritik, heilsame Eingebungen und Intuitionen, heilmagnetische Kräfte.

+   *Der einfühlsame Heiler*

Heilsames Einfühlungsvermögen, Mitleid.

–   *Der Empfindliche*

Aus der Luft gegriffene Kritik, nicht nachvollziehbare Vorhaltungen.

Chiron – Pluto

K   Der Wahrheitsfanatiker

Perfektionsdrang, Heilmagnetismus, Arbeitseifer, verletzende
Ehrlichkeit. Perfektionistisch.

+   Der Korrekte

Perfektionsanspruch. Setzt sich durch mit seiner Vorstellung
von Vollkommenheit und Perfektion.

–   Der Nörgler

Kritiksucht, Konzentration auf das Negative. Argwöhnisch.

Chiron – Aszendent

K*   Der Reinliche

Intellektuelle, ehrliche, glaubwürdige Ausstrahlung. Umsichtig, besonnen und vorsichtig im Umgang mit Menschen und Gegenständen. Bevorzugt frische, adrette, gebügelte Kleidung, die sein appetitliches Aussehen noch unterstreicht.

+   Der Besonnene

Ehrenhaftes Auftreten, umsichtig, bedachtsam, überlegend handelnd, weitblickend, gewissenhaft.

–   Der Umstandskrämer

Übergenau, Prinzipienreiter, Meckerer, Haarspalter, kritiksüchtig. Findet immer ein Haar in der Suppe.

Chiron – Medium Coeli

K** *Der Heiler*

Begabt für heilende und ordnende Berufe. Tritt in der Öffentlichkeit ehrenhaft, glaubwürdig und diszipliniert in Erscheinung. Sticht im Beruf mit besonderer Sorgfalt, Akribie und Genauigkeit hervor, ausgeprägtes Pflichtbewusstsein.

+ *Der Ordnungsliebende*

Fleißig, pflichtbewusst, verantwortungsbewusst, Blick fürs Detail, genaue Beobachtungsgabe. Verantwortungsbewusstes Handeln in Beruf und Öffentlichkeit.

– *Der Kleinkarierte*

Notorische Besserwisserei und Prinzipienreiterei in Öffentlichkeit und Beruf. Belehrt andere unangebracht nach Oberlehrermanier. Kleinlich, pedantisch.

Uranus – Neptun

K   Der Visionär

Plötzliche Auflösung, mediale Eingebungen, Erleuchtungs-
erlebnisse, Inspirationen, plötzliche Intuition, motiviert und
inspiriert Kranke und Benachteiligte. Freiheitsliebe mit Drang
nach innerer Einkehr.

+   Der sanfte Rebell

Idealismus, Imagination, setzt sich ein für die Rechte Unter-
privilegierter, Vorstellungsvermögen, ausgeprägtes Gerechtigkeitsempfinden. Anregender und belebender Einfluss auf
Schwache und Hilfsbedürftige.

–   Der Wunschträumer

Provoziert andere durch seine Fantasie und übersteigerte Einbildungskraft, baut Luftschlösser, unklare Ziele. Entzieht sich
plötzlich bei Freiheitsbeschränkungen und taucht ab.

Uranus – Pluto

K   Der Pionier

Freiheitsdrang, Waghalsigkeit, Erneuerungsstreben, Umgestaltungskraft, Aufgeregtheit, Weltverbesserer, Entdeckungen. Erzwingt Entscheidungen.

+   Der Reformer

Kampf und Einsatz für mehr Gerechtigkeit. Unbekümmerte, bedingungslose Gerechtigkeitsliebe, Fairness, Realisierung von Reformen. Kreative Ideen werden kraftvoll umgesetzt.

–   Der Revoluzzer

Der Außenseiter, der Aussteiger. Gewagte Experimente, Vorurteile, Verschwörungen, Umsturzbestrebungen, voreiliges Misstrauen, Ruhelosigkeit, Unrast. Voreilige, überstürzte Veränderungsmaßnahmen.

Uranus – Aszendent

K* Der Widerborstige

Unruhe, Nervosität, Zersplitterung, Widerspruchsgeist. Originelles Outfit, das die Individualität unterstreicht. Körperlich: Elektrisch aufgeladenes Haar oder Frisur mit nach oben gebürsteten Haaren.

+ Der Individualist

Eigenwillige, verblüffende Ideen. Veränderungsliebe. Leicht erregbar, originell, erfindungsreich, unterhaltsam, lebendig, interessant, abwechslungsreich, inspirierend, kurzweilig, lebhaft, geistesgegenwärtig.

– Der Nervöse

Labil, unbeständig, ruhelos, reizbar, nervöse Eile, hitzig, heftig, unaufmerksam, veränderlich, hektisch, fahrig, provozierend, wirkt beunruhigend auf seine Umgebung.

Uranus – Medium Coeli

K** *Der Unangepasste*

Selbstständigkeit, Veränderungsliebe in Bezug auf Beruf und Lebensstil. Übt mehrere Berufe aus im Laufe seines Lebens. Berufliche Talente: Luft- und Raumfahrt, IT-Branche, Elektronik, Erfinder, Astrologie und alle ungewöhnlichen Tätigkeiten.

+ *Der Selbstbestimmte*

Selbstverwirklichung, Toleranz, Ungezwungenheit, zwangloses Auftreten, schafft sich und gewährt Freiräume. Unkonventionell, unkompliziert.

– *Der Voreilige*

Unberechenbarkeit, Zerrissenheit, Zwiespältigkeit, überstürzte Entscheidungen, unüberlegte Veränderungen in Beruf und Lebensplanung.

Neptun – Pluto

K   *Der Mediale*

(Die letzte Konjunktion fand 1891/92 statt. Der Zyklus dauert ca. 492 Jahre).

Machtvolle Medialität, Okkultismus. Geheime, spiritistische Praktiken.

+   *Der Sensitive*

Vorahnungen, Medialität, Hellsicht, Fantasie, Mitgefühl, Nächstenliebe, Mitleid, Anteilnahme.

–   *Der Abhängige*

Übersteigerte Fantasie, Suchtgefahr, unklare Vorstellungen.

Neptun – Aszendent

K* *Der Undurchschaubare*

Sanftes, zurückhaltendes, scheues Auftreten. Entzieht sich einer klaren Beurteilung, wirkt undurchschaubar. Verträumter Blick. Flüchtet, taucht ab, ist oft nicht greifbar und erreichbar. Durchlässig, saugt die Ausstrahlung anderer auf wie ein Schwamm, keine Eigenstimmung, reflektiert die jeweilige Stimmung der Umwelt. Selbstvergessen.

+ *Der Sensible*

Intuition, Durchlässigkeit, Feingefühl, Einfühlungsvermögen, Sensitivität.

– *Der Beeinflussbare*

Unzuverlässigkeit, unklares Verhalten, mangelnde Durchsetzungskraft, Selbstverleugnung. Verursacht Ungewissheit und Missverständnisse, geht Konfrontationen aus dem Weg, ausweichend.

Neptun – Medium Coeli

K**   *Der Fantast*

Unklarheit, Undurchsichtigkeit, Täuschungsmanöver, Ziellosigkeit in der Lebens- und Berufsplanung.
Berufliche Talente: Mediale Tätigkeiten, Schauspieler, Musiker, Sozialarbeiter, Chemiker, Fotograf, pflegende bzw. tröstende Tätigkeiten.

+   *Der Diskrete*

Nachsichtig, feinfühlig, dezent, rücksichtsvoll, taktvoll, höflich und hilfsbereit in der Öffentlichkeit und gegenüber Fremden.

–   *Der Unkorrekte*

Undurchschaubarkeit, unfassbar, unkorrekt gegenüber Geschäftspartnern, Behörden, Ämtern und Vorgesetzten. Verstellt sich.

Pluto – Aszendent

K*   *Der Bezwinger*

Beherrschendes, machtvolles, durchsetzungsstarkes, verhaltenes, dominantes Auftreten. Langsame Körperbewegungen. Durchdringender, tiefgründiger, nicht abschweifender Blick.

+   *Der Tiefgründige*

Überlegtes, überzeugendes, selbstsicheres, kontrolliertes Auftreten. Willensstark.

−   *Der Unterdrücker*

Präsenz, Hintergründigkeit, Unterdrückung anderer.
Intensives, bedrängendes Auftreten. Lässt nicht locker, gibt nicht nach.

K** *Der Workaholic*

Machtstreben in Beruf und Öffentlichkeit, immense Arbeitskraft, unbändiger Leistungswille,
Selbstbehauptung, machtvolle Durchsetzung der persönlichen Ziele bei Behörden, Ämtern und Geschäftspartnern. Misstrauen.
Berufliche Talente: Tätigkeiten im Verborgenen – Kriminalpolizei, Detektei, Geheimdienst, Untertagearbeiter, U-Bahn – und in Verbindung mit dem Tod: Pathologie, Beerdigungsinstitut, Hospiz etc.

+ *Die Respektsperson*

Präsenz, Autorität, Durchsetzungsstärke, Prestige, Maßgeblichkeit. Verschafft sich Respekt, Anerkennung und Einfluss.

– *Der Egoist*

Missbrauch von Einfluss und Macht. Autoritär, rachsüchtig, asozial, gemein, egoistisch.

Epilog

Verlier nicht deine Ruhe! …
Und dann blick unverwandt auf die Sache,
fass sie scharf ins Auge und bedenk dabei,
dass du ein guter Mensch sein musst …
Und das tu, ohne rechts und links zu sehen,
und rede, wie es dir am gerechtesten zu sein scheint,
jedoch immer voll Güte und
Zartgefühl und ohne Falsch.

Du kannst, ohne einem Zwang ausgesetzt zu sein,
dein Leben in größtem Seelenfrieden zu Ende führen, auch
wenn alle Menschen gegen dich schreien,
was sie wollen …
Denn was hindert in all solchen Fällen die Seele,
sich selber in tiefstem Frieden zu erhalten
und bei ihrem richtigen Urteil
über die sie umgebende Welt zu verharren …?

Wenn du scharf sehen kannst, dann sieh hin,
und urteile so weise wie möglich.

Marc Aurel – Selbstbetrachtungen

Über die Autorin

Christina Fuisting, Zwillinge-Sonne, Wassermann-Mond und Jungfrau-Aszendent. Suchte und fand schon früh – im Alter von 4 Jahren – durch Schicksalsschläge Zugang zur geistigen Welt und Interesse an Metaphysik. Zunächst einige Jahre tätig in ihrem Beruf als Französisch-Übersetzerin. Seit 1988 hauptberuflich Astrologin und Seminarleiterin mit Lebensstationen in Frankreich und Asien. Seit 2002 tätig für TV und Medien. Sie lebt in München, wo sie regelmäßig Kurse gibt und – auch telefonisch – berät.

Hier können Sie die leicht verständliche Aspekttabelle von Ihrem Horoskop sowie Informationen über Kurse und Beratungen erhalten:

www.fuisting.com
Email: christina@fuisting.com
Telefon: 089 – 360 370 20

Literaturnachweis

Marc Aurel. SELBSTBETRACHTUNGEN. Stuttgart 1953.

Reinhold Ebertin. KOMBINATION DER GESTIRNSEINFLÜSSE.
Tübingen 2002.

Johannes Kepler. WELTHARMONIK. München 1990.

Dr. Walter A. Koch. GESAMMELTE AUFSÄTZE – GESTALT-
HOROSKOPIE. Bietigheim 1980.

Dr. Walter A. Koch. ASPEKTLEHRE NACH JOHANNES KEPLER.
Bietigheim o. J.

Standardwerke der Astrologie

REINHOLD EBERTIN

Kombination der Gestirneinflüsse

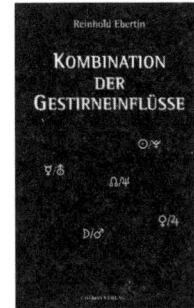

304 Seiten, gebunden,
17. erweiterte Auflage
ISBN 978-3-925100-70-3

Das vorliegende Werk ist seit nunmehr 60 Jahren bekannt und darf heute als Klassiker der seriösen Astrologie und Kosmobiologie angesehen werden. Die Stellung der Gestirne und anderer Deutungsfaktoren in den Tierkreiszeichen und Feldern, die Aspektverbindungen untereinander und vor allem die Halbsummen werden in über 1100 Aussagekombinationen interpretiert. Diese Interpretationen können sowohl für die Auslegung des Geburtsbildes selbst wie auch für die Prognose verwendet werden. Wer nicht nur mit Aspekten, sondern auch mit Halbsummen arbeitet, für den ist dieses Buch eine unschätzbare Fundgrube zur prägnanten Deutungshilfe.

Anfangs war ich nicht ganz schlüssig, ob dieses Buch das richtige für mich ist, aber ich kann nur sagen, ich war positiv überrascht. Als ich die Halbsummendeutung machte, passte es haargenau und ich war sehr verblüfft über Ebertins Aussagen. Bei weitem hätte ich nicht mit diesen zutreffenden Ergebnissen gerechnet. Übrigens kann man die angegebenen Halbsummen-Beschreibungen auch auf die Aspekte beziehen. www.amazon.de

CHIRON VERLAG

Standardwerke der Astrologie

BIL TIERNEY

Dynamik der Aspektanalyse

360 Seiten, Hardcover

ISBN 978-3-89997-137-8

Die richtige Analyse der Aspekte ist für die
Deutung eines Horoskops von entschei-
dender Bedeutung. Jede Planetenverbin-
dung besitzt ihre einzigartigen Charakte-
ristika. Die Aspekte sind die dynamischen
Ausdrucksformen der fundamentalen Lebensprinzipien. Der Autor
fasst die Qualitäten und Bedeutungen

- der Aspekte (von Konjunktion bis Novil),
- der unaspektierten, rückläufigen oder stationären Planeten
- der Aspektfiguren (Großes Trigon, T-Quadrat, Mystisches Recht-
  eck usw.)
- der Quadranten

zu einem ausführlichen Nachschlagewerk zusammen. So bekommen
Sie auf leicht fassbare Weise Einblick in die hinter den Aspekten
liegenden Gesetzmäßigkeiten und können sich Horoskope schneller
erschließen. Abgerundet wird das Buch durch Horoskopbeispiele.

*»Hier wird nicht schwarz-weiß gemalt, sondern in einer aufgeklär-
ten, unserem heutigen Bewusstsein entsprechenden Art und Weise zu
einem kritisch-kreativen Umgang mit den Aspekten aufgefordert.
Dieses Buch steht in einer Reihe mit dem Besten, was bisher bei-
spielsweise von Oskar Adler und Dane Rudhyar an differenzierten
Betrachtungen zu den Aspekten vorgelegt wurde.«*

Astrologie Heute Nr. 121

CHIRON VERLAG

Standardwerke der Astrologie

DANE UND LEYLA RUDHYAR

Astrologische Aspekte

*Der Schlüssel zur Deutung
planetarischer Beziehungen*

301 Seiten, Hardcover

ISBN 978-3-89997-154-5

Die astrologischen Aspekte kann man
nur dann richtig verstehen, wenn man sie
als eine bestimmte Phase in einem zyklischen Prozess betrachtet,
welcher zwischen zwei aufeinanderfolgenden Konjunktionen der
betreffenden Planeten abläuft. Die Bedeutung hängt natürlich von
den sich beeinflussenden Planeten ab. Die Grundmuster der Win-
kelbeziehung haben jedoch einen archetypischen Charakter. Diese
zyklische Betrachtung der Aspekte vermittelt Ihnen ein wesentlich
tieferes Verständnis aller Lebensprozesse. Sie erkennen, dass viele
»rein zufällig« eintretenden Lebensereignisse in Wirklichkeit die
äußeren Symptome einer zyklischen Abfolge von Phasen innerhalb
eines Prozesses sind, die einen konkreten Anfang, einen Höhepunkt
und einen Abschluss haben. So ist dieses Buch einerseits eine de-
taillierte Darstellung der astrologischen Aspekte und zugleich eine
Interpretation des Lebens.

*»Astrologische Aspekte ist ein Buch, das man allen Astrologen, die
nicht nur an einem schnellen Zugriff auf planetarische Daten, sondern
an einem tieferen Verständnis der Lebendigkeit und des Entwick-
lungspotenzials der Aspekte interessiert sind, nur empfehlen kann.«*
Meridian 1-2008

CHIRON VERLAG

Standardwerke der Astrologie

DAVID BOLTON

Harmonics

Einführung und Deutung
175 Seiten, mit CD-Rom Software,
zahlreiche Abbildungen
ISBN 978-3-89997-174-3

Entdecken Sie mit den Harmonics Ihre verborgenen Eigenschaften. Harmonics sind
Unterhoroskope, die Aspektstrukturen eines Horoskops sichtbar
machen, die auf den ersten Blick nicht erkennbar sind. Der Autor
erklärt das Zustandekommen der Aspektreihen und wie man daraus
die Harmonic-Horoskope ableitet. Dann geht er ausführlich auf die
Harmonics 1 bis 12 ein. Er gibt praktische Ratschläge und zeigt Ihnen anhand zahlreicher anschaulicher Beispiele von Harmonic-
Horoskopen, welche zusätzlichen Informationen Sie daraus
gewinnen können. Mit der beigefügten Software können Sie alle
Harmonics problemlos selbst berechnen.

»Bolton will aber nicht bloß eine Theorie der Harmonics anbieten.
Ihm geht es darum, die Bedeutung und den praktischen Gebrauch
vor allem der ersten 12 Harmonics darzulegen. Die ersten 12 Har-
monics, immerhin Figuren, bei denen Aspekte wie Quintil (72 Grad)
oder Undezil (32,73 Grad) in die Blickmitte rücken. Ähnlich wie auf
ganz anderen Wegen die Halbsummen-Lehre öffnen die Harmonics
die Augen dafür, dass Beziehungen zwischen Horoskopfaktoren nicht
nur über bestimmte, extra ausgezeichnete Abstände (›Aspekte‹) gere-
gelt sind, sondern durch zusätzliche verborgene Zahlenverhältnisse.
Und Boltons Buch zeigt, wie sehr das Folgen für die praktische Deu-
tung haben kann.« *Rundbrief Deutscher Astrologenverband 2/2009*

CHIRON VERLAG

Standardwerke der Astrologie

ERIN SULLIVAN

Astrologie der zweiten Lebenshälfte

Die Chance, bei sich selbst anzukommen

321 Seiten, Hardcover, 14 Abbildungen

ISBN 978-3-89998-155-2

Ein Leben ist dann ein erfülltes, wenn das
Ende etwas mit dem Anfang zu tun hat. In
der Mitte des Lebens begegnen wir tiefgreifenden Veränderungen
in unserer Psyche. Man spricht auch davon, dass wir in dieser Zeit
zu unserem bislang nicht gelebten Leben wechseln. In diesem Buch
analysiert die Autorin tiefschürfend die Herausforderungen, die uns
in der Lebensmitte begegnen. Allerdings sieht sie darin nicht in erster
Linie den beginnenden körperlichen Niedergang. Vielmehr erleben
wir in diesem Lebensabschnitt die Metamorphose zur vollen Reife.
In diesem Buch erfahren Sie, welche Planetenzyklen zu welchem
Zeitpunkt in der zweiten Lebenshälfte eine bestimmende Rolle ein-
nehmen. Vor allem aber zeigt die Autorin Ihnen, wie Sie Ihr Leben
gerade nach dem Übergang noch bewusster gestalten können, um
ganz bei sich selbst anzukommen.

*»Das Buch dient nicht nur der eigenen Biografiearbeit oder Zukunfts-
planung. Es ist auch für die Beratung und das Verständnis für die Situationen älterer Klienten sehr wertvoll. Kein Buch, das man einmal
liest und weglegt. Vielmehr ist es ein ausführliches Nachschlagewerk,
das man immer wieder in die Hand nehmen kann, das den Leser in
den unterschiedlichen Lebensphasen begleitet und bei der Lebens-
bewältigung unterstützt.«*

Astrologie Heute Nr. 135

CHIRON VERLAG

Standardwerke der Astrologie

EVA STANGENBERG

Neumond-Horoskope

*Wie Sie Ihre Lebensaufgabe durch
Astrologie besser verstehen*

208 Seiten, Hardcover, 63 Abbildungen

ISBN 978-3-89997-164-4

Die Beschäftigung mit den Neumond-
Horoskopen bringt Ihnen viele neue, zu-
sätzliche Erkenntnisse und ermöglicht ein tieferes Verständnis für
die Lebensthemen. Der Neumond vor der Geburt beschreibt die
spirituelle Idee unseres Daseins. Seine Deutung kann helfen, die eigene Lebensaufgabe zu begreifen und bewusst zu gestalten. Der erste
Neumond nach der Geburt prägt eine Aufgabe oder eine Rolle, die
der Mensch in seinem näheren Umfeld erfüllt oder die von ihm er-
wartet wird. Jeder Neumond hat ein eigenes spezifisches Thema und
einen eigenen Rhythmus. Dadurch bekommen Sie wertvolle zusätzliche Informationen sowohl für die Radixdeutung als auch für die
Erstellung des Jahrestrends mit seinen speziellen Auslösungen. Sie
können somit ihre individuelle Zeitqualität auf einer ganz anderen,
umfassenderen Ebene verstehen. Vor allem aber finden Sie hier häufig
die Hintergründe oder den Schlüssel zum Verständnis für bestimmte
Lebensaufgaben oder Lebensphasen.

*»Man bekommt wertvolle Informationen sowohl für die vertiefende
Radixdeutung und bestimmte Lebensthemen als auch für die Zeitqualität und die verschiedenen Lebensphasen. Fazit: Ein sehr emp-
fehlenswertes und lehrreiches Buch für die astrologische Praxis!«*

sternZeit 36

CHIRON VERLAG